DUD

Heyne Report ...

HEYNE BÜCHER

In derselben Reihe erschienen u. a. als Heyne-Taschenbuch:

Lea Fleischmann: *Dies ist nicht mein Land* · Band 10/11
Gudrun Lukasz-Aden: *Tiefer kannst du nicht fallen* · Band 10/12
Stephanie Sand: *Künstliche Intelligenz* · Band 10/13
Ernest Bornemann: *Die neue Eifersucht* · Band 10/16
Gudrun Lukasz-Aden: *Ich bin so frei* · Band 10/18
Wolfgang Wiesner: *Leben ohne Drogen* · Band 10/20
Matthias Horx: *Das Ende der Alternativen* · Band 10/22
Roland Girtler: *Der Strich* · Band 10/23
Heinrich/Schmitt: *Der Atom-Atlas* · Band 10/24
Frederic Vester: *Bilanz einer Ver(w)irrung* · Band 10/25
*Das Männerwunder* · Band 10/26
Gudrun Lukasz-Aden: *Trennungen* · Band 10/28
Thomas Hauschild: *Die alten und die neuen Hexen* · Band 10/29
Keppler/Mehler: *Der sanfte Schrei* · Band 10/30
*Öko-Atlas Bundesrepublik Deutschland* · Band 10/31
Ingeborg Friesendorf: *Frauen im Knast* · Band 10/33
Lea Fleischmann: *Ich bin Israelin* · Band 10/34
Erich Kuby: *Der Spiegel im Spiegel* · Band 10/35
Emilio Sanna: *Affenliebe – Affenschande* · Band 10/37
Monika Goletzka: *Die schiere Lust oder*
*Ist die Sexualität am Ende?* · Band 10/39
Martin Ahrends: *Das große Geld* · Band 10/40
Stephanie Sand: *IBM* · Band 10/41
Karin Jäckel: *»Es kann jede Frau treffen«* · Band 10/42
*Gorbatschows historische Rede* · Band 10/44
Richard Manning: *»Sie können uns nicht alle umbringen«* · Band 10/45
Ursula Fassbender: *Reinkarnation* · Band 10/46
Michael Heinrich: *Sind die Alpen noch zu retten?* · Band 10/47
Karin Jäckel: *Du bist doch mein Vater . . .* · Band 10/48
Gudrun Lukasz-Aden: *Scheidung, was hat's gebracht?* · Band 10/50
Joachim Soyka: *Tatwaffe Computer* · Band 10/51
Bruno Venturi/Dorothee Thums: *Männerpremieren* · Band 10/52
Tobias Mündemann: *Die 68er* · Band 10/53
Klaus Peter Schlebusch/Hans-Christoph Scheiner/Peter Wendling:
*Die Vernichtung der biologischen Medizin* · Band 10/54
Karin Jäckel: *Betrug in der Partnerschaft* · Band 10/55
Leona Siebenschön: *Mutter & Tochter* · Band 10/56
Ronald M. McRae: *Parapsychologische Kriegsführung* · Band 10/57
Eva Roland-Schellack: *Die Frau über Vierzig* · Band 10/58
Frédérique Delacoste/Priscilla Alexander: *SexArbeit* · Band 10/59
*Ein Staat kommt in die Jahre* · Band 10/60
Barbara Franck: *Der UnGeliebte* · Band 10/61
*Die Bananenrepublik* · Band 10/62
Nina Bachkatow/Andrew Wilson:
*Die Kinder Gorbatschows – eine andere Generation?* · Band 10/63
Roland Girtler: *Pepi T* · Band 10/66
Katherine Adair: *Adam* · Band 10/67

Ingeborg Friesendorf

# Die erste Frau in meinem Leben

## Söhne sprechen über ihre Mütter

**Originalausgabe**

Wilhelm Heyne Verlag
München

HEYNE REPORT
Nr. 10/65

Redaktion: Bernhard Michalowski


Printed in Germany 1989
Umschlagfoto: Süddeutscher Verlag, Bilderdienst München
Umschlaggestaltung: Atelier Ingrid Schütz, München
Fotosatz: B. Hopfengärtner, München
Druck und Bindung: Ebner Ulm

ISBN: 3-453-03367-1

# Inhalt

# Vorwort

Das Bild der Frau hat sich in den letzten Jahrzehnten so sehr gewandelt, daß Soziologen geradezu von einem ›Zeitalter der Frau‹ sprechen. Aus dem Heimchen am Herd, das sich kaum um mehr als um Küche, Kinder und Kirche kümmerte, ist eine selbstbewußte Frau geworden, die auch im Beruf ihre Frau steht. Viele Männer sehen es mit Erstaunen, manche mit Mißvergnügen: Das Weltbild des Mannes beginnt sich zu wandeln, weil die Frauen – und damit die Mütter – anders werden.

Auch in ihrem Verhältnis zu Liebe und Ehe stellt sich die Frau heute anders dar als früher. Der Begriff der Partnerschaft in der Liebe und in der Ehe ist zwar sehr pauschal und erklärt nicht alles. Doch weist er darauf hin, daß Mann und Frau sich nicht mehr unbedingt als der Stärkere und die Schwächere verstehen, sondern als Gleichberechtigte begegnen – zumindest dem Anspruch nach.

Wie wirkt sich dieses neue Verhältnis auf die Einstellung der Mütter zu ihren Kindern aus – besonders zu ihren Söhnen?

Auf diese Problematik bin ich gestoßen, als Männer verschiedenen Alters in zwanglosen Gesprächen oft auf ihre Mütter zu sprechen kamen. Offensichtlich spielt oder spielte die Mutter in ihrem Leben eine besondere Rolle. Ich wurde neugierig und beschloß, der Sache auf den Grund zu gehen. So entstand dieses Buch.

Voraussetzung dafür war, daß die Männer sich ehrlich äußerten. Vor Beginn des Interviews wies ich jeden von ihnen darauf hin: »Seien Sie bitte aufrichtig. Wenn Sie nicht darüber reden wollen, respektiere ich Ihre Zurückhaltung. Aber wenn Sie reden – dann sagen Sie alles.«

Gewiß können dreizehn Gespräche nicht die ganze Bandbreite des Verhältnisses zwischen Mutter und Sohn erfassen. Aber es waren ja tatsächlich mehr als nur die dreizehn, die dieses Buch enthält. Aus Platzgründen mußte eine repräsentative Auswahl getroffen werden. Außerdem hat sich im Lauf der Gespräche herausgestellt, daß manche Interviewpartner stellvertretend für viele ihrer Geschlechtsgenossen gesprochen haben. Ich bin sicher, daß die Leser in den Berichten manches finden, was sie selbst erlebt haben. *Die erste Frau in meinem Leben* ist ein objektiver Bericht, aber keine Anleitung dafür, wie Menschen mit den Problemen fertig werden können, die sie als Folge ihrer Erziehung – oder Nichterziehung – ihr Leben lang beschäftigen.

Trotzdem können die Berichte dazu beitragen, daß den Lesern klar wird, wo vielleicht auch bei ihnen die Ursache ihrer Probleme zu suchen ist. Frauen werden möglicherweise ihren männlichen Partner besser verstehen lernen.

Wie die gesellschaftliche Situation auch aussehen mag – Tatsache bleibt: Auch im Zeitalter der Emanzipation sind es die Frauen, die die Kinder zur Welt bringen. Und rund die Hälfte davon wird einmal zu Männern. Daher ist es gerade in unserer Zeit aufschlußreich, wie Männer die erste Frau in ihrem Leben – die Mutter – sehen und beurteilen.

*Ingeborg Friesendorf*
*München, 1989*

Und, Du alte süße Katze, wie geht es Dir? Wenn Du stirbst, ehe ich Dich wiedersehe, schieße ich mich tot. Merke Dir das für den Fall, daß Dir Anwandlungen kämen...

*Heinrich Heine*

# Ich war der Trottel der Familie

*Fritz Berger, 35, Dozent*

*Er freute sich, als ich kam. Ja, er habe sich auf das Gespräch mit mir vorbereitet. Was er zu sagen habe, sei alles in seinem Kopf. Wir könnten gleich anfangen. Ich solle es mir doch bequem machen. Er müsse nur noch schnell die Wäsche aus der Trockenmaschine nehmen und – wirklich ganz schnell – einen Tee kochen. Ohne Tee sei das Leben doch trostlos, oder?*

*Ich ging in sein Arbeitszimmer und versank in weichgepolstertem Gestühl. In einer Ecke bullerte ein Ölofen. Überall wucherten Grünpflanzen. Regale reichten bis zur Decke und bogen sich unter Bergen von Büchern.*

*Er kam mit einem runden Tablett, auf dem helles Tongeschirr stand. Kandis? Sahne? Er ist ein aufmerksamer Gastgeber, charmant und leger. Ich überlegte, an wen er mich erinnerte. Als er zu sprechen begann, fiel es mir ein: Es ist Bertrand Morane in dem Film ›Der Mann, den die Frauen liebten‹.*

Meine Mutter kann sich bis heute nicht von ihren Söhnen lösen. Als wir aus dem Haus gingen, fiel sie in ein großes Loch. Seitdem rückt sie uns ständig auf die Pelle. Sie kauft uns heute noch die Klamotten, versucht, uns mit allen Mitteln an der Leine zu halten und gleichzeitig ihren Mann ins Abseits zu schieben. Ganz bewußt macht sie das, ganz bewußt.

Meine Eltern wohnen 300 Kilometer weit von mir weg im Hessischen. Immer, wenn ich zu ihnen fahre, weiß ich im voraus, wie meine Mutter reagieren wird: Sie rechnet mir vor, wann ich das letzte Mal da war. Und auch sonst gleicht ein Besuch dem anderen. Wir sitzen um den Tisch, essen zuviel, meine Mutter erzählt immer dasselbe, mein Vater säuft gerne einen, und ich sage: »Komm, trinken wir noch eine Flasche Wein.«

Dabei lebe ich sonst sehr bewußt und trinke wochenlang gar nichts. Aber bei meinen Eltern habe ich das Gefühl, ich muß mich betrinken, um den Besuch irgendwie über die Bühne zu kriegen. Manchmal nehme ich mein Sportzeug mit und versuche, jemanden zum Tennisspielen zu finden. Oder ich gehe im Wald joggen.

Vor zwei Jahren habe ich es zum ersten Mal in meinem Leben gewagt, Weihnachten wegzubleiben. Da war der Teufel los. Meine Mutter hat alle eingespannt, sogar die Verwandten, um mich umzustimmen. Bis ich in scharfer Form gesagt habe: »Hör doch bitte auf mit Weihnachten. Das ist doch Kokolores. Denk doch einmal zurück. Worin unterscheidet sich Weihnachten 1985 von Weihnachten 1975? In gar nichts. Ich bin immer gleichmäßig betrunken, gleichmäßig vollgefressen. Das macht keinen Spaß.«

Dieses Friede-Freude-Eierkuchen-Weihnachtenspielen funktioniert nicht. Es kann nicht den tiefen Konflikt überbrücken, der unsere Familie spaltet. Mein Vater ist da viel realistischer und freier als meine Mutter. Er hängt nicht einer Gemeinsamkeit nach, die es nie gegeben hat. Mein Vater hat mich schon im letzten Jahr beiseite genommen und gefragt: »He, kommst du Weihnachten nach Hause? Ich muß das nur wissen. Denn, wenn nicht, plane ich um.« Das heißt, daß er wegfährt.

Bis vor ein paar Jahren hätte ich es nicht fertiggebracht, meine Mutter zu enttäuschen. Ich hatte das gleiche Bedürfnis nach heiler Familie und Harmonie, das sie und meine Brüder heute noch haben. Dieses beschwingte Gefühl im Magen, wenn die Eltern und drei erfolgreiche Söhne um den Tisch herumsitzen und alles rund ist. Aber gleichzeitig weiß man, daß alles verlogen und nur Illusion ist. Nichts stimmt. Seitdem ich mir das eingestanden und verarbeitet habe, geht es mir besser.

Meine Eltern haben aus Liebe geheiratet, und weil mein älterer Bruder unterwegs war. Ein Wunschkind, wie meine Mutter sagt. Ungefähr drei Jahre später merkte meine Mutter, daß sie von ihrem Mann abgelehnt wurde. In diese Zeit der Enttäuschung wurde ich hinein geboren.

Noch einmal drei Jahre später kommt ungewollt – nach Aussage meiner Mutter – mein Bruder Peter auf die Welt. Danach war Sense. Man muß sich das vorstellen: Meine Eltern schlafen seit fast vierzig Jahren im gleichen Zimmer, und seit fünfunddreißig Jahren spielt sich nichts mehr zwischen ihnen ab. Keine Umarmung. Nichts. Die Beziehung ist absolut kalt.

Die Söhne wurden für meine Mutter zum Liebesersatz. In meinen älteren Bruder haben meine Eltern am meisten Hoffnungen gesetzt. Das war der erste Sohn. Der mußte die beste Ausbildung haben. Er heißt Klaus Hinrich. Hinrich heißt mein Vater.

Der Jüngste war eindeutig das Lieblingskind. Er wurde ständig verhätschelt. Ich dagegen habe am wenigsten Zuwendung bekommen.

Bei meinen Brüdern hat meine Mutter es geschafft, sich Liebe zu holen. Aber ich bin irgendwie aus dem Raster gefallen. Oder gefallen worden, weil sie mich nicht angenommen hat.

Ich war als Kind der Trottel der Familie. Ich habe ausgesehen wie ein Arsch mit Ohren. Weil ich Polypen in der Nase hatte, konnte ich keine Luft kriegen, habe über den Mund geatmet und die Zunge raushängen lassen. Ich war kein Kind zum Vorzeigen und kein Kind zum Liebhaben, weil ich ständig geschrien habe. In der Schule war es die totale Katastrophe. Meine Brüder sind aufs Gymnasium gegangen, und ich habe kaum die Hauptschule geschafft. Ich habe nie ein Buch gelesen. Wenn meine Mutter abends meine Hausaufgaben kontrollierte, hieß es: »Du bist blöd, warum kapierst du das nicht?« Mein Vater meinte: »Unser Fritz, unser Idiot. Aus dir wird eh nix. Wir kaufen dir einen Blaumann, und dann gehst du zum Hüttenwerk und machst eine Lehre als Dreher oder Schmied.«

Ich war sozusagen das Arschloch, und dem gegenüber stand meine Mutter mit ihrem Anspruch, immer nur das Beste zu wollen. Die Leute zählen bei ihr nur ab einer bestimmten Position etwas. Wenn ich mir überlege, daß ich heute Doktor der Wirtschaftswissenschaften bin und eine Akademikerkarriere gemacht habe, zeigt mir das die tiefe Kluft zwischen damals und heute. Das war reine Verweigerung. Eine Trotzreaktion, weil meine Eltern mich so geringschätzig behandelt haben.

Das Verhältnis zu meinem Vater war noch dazu mit Angst besetzt. Ich sehe ihn immer noch vor mir: großmäulig, jähzornig, hart und autoritär. Er hatte einen kleinen Betrieb. Eine Klitsche, in der meine Mutter als Mädchen für alles tätig war. Sie war damit total überlastet und deshalb oft genervt. Im Grunde ist sie ein sehr häuslicher und fürsorglicher Charakter. Ihre Fürsorge hörte aber sofort auf, wenn mein Vater dazukam.

Meine Mutter und ich saßen zum Beispiel abends im Winter in der warmen Küche. Sie nähte und erzählte mir von ihrer Schwester, der Tante Barbara. Alles war gelassen und ruhig, sogar in mir sah es so aus. Plötzlich ging die Tür auf. Mein Vater kam herein. Er ist der absolute Unruhestifter, der sich keiner Sache ruhig annehmen kann. Meine Mutter legte die Handarbeit beiseite. Wir gingen auseinander. Sie hat nie gelernt, sich gegen meinen Vater durchzusetzen. Daher konnte sie für mich keine Beschützerfunktion übernehmen. Mit sechs Jahren hatte ich eine Mittelohrentzündung. Weil es mir sehr schlecht ging, wollte ich im Bett meiner Eltern schlafen. Ich weiß noch ganz genau, wie das Schlafzimmer aussah: Klein, Doppelbett, ein Schrank, ziemlich nüchtern alles. Ein Fenster zum Garten und davor das kleine Bett vom Peter. Also ganz bescheidene Verhältnisse.

Ich schrie vor Schmerzen, und meine Mutter ging mit mir in die Küche und ließ heißes Öl in meine Ohren tropfen. Sie nahm mich in den Arm. Das weiß ich noch genau.

Die Schmerzen ließen aber nicht nach, und ich habe weiter fürchterlich geschrien. Bis es meinem Vater zu bunt wurde und er mich wie einen Nußsack geschlagen hat. Bei mir ist da etwas kaputt gegangen. Die Enttäuschung darüber, daß meine Mutter mir nicht beistand, war sehr groß. Ich habe danach gewußt, daß von ihr keine Hilfe zu erwarten war und habe mich zurückgezogen.

Aufgehoben fühlte ich mich während meiner Kindheit nur bei meiner Großmutter mütterlicherseits. Bis ich zur Schule kam, wohnten wir in ihrem Haus. Wenn wieder einmal etwas anstand, habe ich mich zu ihr geflüchtet.

Großmutter hatte eine Indianernase, noch viel stärker als ich. Sie war klein, zäh und gütig, wie die meisten alten Menschen. Das fällt mir immer stärker auf. Sie ist 85 Jahre geworden. Bis zu ihrem 83. Lebensjahr hat sie von morgens bis abends wie ein Pferd in ihrem Garten gearbeitet. Sie war genügsam. Ein Stück Brot, eine Tasse Malzkaffee. Die hat nichts aus der Bahn geworfen. Sie hat alles sehr gelassen aufgenommen.

Ich habe mit ihr und ihrer Tochter, der Tante Barbara, in einem Zimmer geschlafen. Meine Tante hatte einen leichten Vogel. Aber ich habe zu ihr den richtigen Draht gehabt. Meine Brüder nicht. Im gleichen Zimmer hat jetzt die Tochter meiner Tante einen Frisiersalon. Wenn ich nach Hause komme, und sie mir die Haare schneidet, dann denke ich: »Hier hast du vor dreißig Jahren mit deiner Großmutter und Tante Barbara gesessen und Abendbrot gegessen. Und jetzt sind sie unter dem Boden.« Das bewegt mich immer.

Meine Eltern haben dann ein Haus am Stadtrand gebaut. Rundherum waren nur Bauernhöfe. Aber auch danach ist meine Großmutter für mich eine Art Zufluchtsort geblieben. Am Neubau meiner Eltern habe ich mich nur ungern aufgehalten, weil da immer Konflikte zu erwarten waren.

Meine Mutter war immer seltener zu Hause und ich hatte oft das Gefühl, meine Mutter meidet meine Nähe.

Deshalb bin ich rausgegangen, habe die Isolation gesucht. Wald, Wiesen, Felder und Jahreszeiten hatten für mich etwas Beschützendes. Ich bin rumgestrolcht, konnte machen, was ich wollte. Niemand konnte mir etwas antun.

Mit zehn, zwölf Jahren begann ich, mich meinem Vater anzuschließen, Meine Großmutter war tot, und meine Mutter hat meine Brüder vorgezogen. Und einen Menschen braucht man. Man kann als Kind nicht ganz alleine sein. Außerdem hat mein Vater mich trotz der Angst, die ich vor ihm empfand, immer fasziniert. Meine Mutter war stets die Schwache und er immer der Starke. Meine Mutter hatte nichts zu melden, und mein Vater hat immer gekriegt, was er wollte. Meine Mutter hatte schnöde Hausarbeit und er hat die interessanten Sachen gemacht.

So etwas prägt sich einem Kind ein. Meinen Vater und mich hat auch die Liebe zur Natur verbunden. Er war Jäger und hatte Waffen. Wir sind zusammen auf die Jagd oder zum Fischen gegangen. Wenn wir alleine waren, fühlte ich mich stark zu ihm hingezogen, ein ganz intimes Verhältnis. Heute weiß ich, daß die Jagd für mich nur ein Mittel war, um in der Nähe meines Vater zu sein. Zu ihm hin und weg von der Mutter. Das war's.

Ich habe immer wieder versucht, die Liebe meines Vaters zu gewinnen. Bis weit ins Erwachsenenalter hinein habe ich bei ihm Bestätigung gesucht, aber nie gefunden.

Für meine Mutter war mein Abdriften ins andere Lager – also zu meinem Vater – eine große Enttäuschung. Sie sagte mir oft, daß ich ja doch zu meinem Vater halten würde. Das hat mich in schwere Gewissensnöte gebracht.

Die Konflikte zwischen meinen Eltern haben sich dann gehäuft. Es kam immer öfter vor, daß meine Mutter ihre Söhne als Unterstützung gegen ihren Mann brauchte. Mein älterer Bruder ist sehr früh ins Internat gekommen, und mein jüngerer Bruder war noch zu jung, als daß sie sich ihm hätte anvertrauen können. So blieb nur ich als Gesprächspartner für meine Mutter übrig. Ich habe deshalb auch sehr früh ihr ganzes Unglücklichsein mitbekommen. Als meine Mutter mir wieder einmal erzählte, wie mein Vater sie erniedrigt, und wie schwer sie es mit ihm habe, ist sie in Tränen ausgebrochen. Als ich sie so sah, verspürte ich wieder Haß auf meinen Vater.

Mein Schulweg führte über Bahngleise, und ich weiß noch ganz genau, als ich am nächsten Morgen über die Gleise ging, habe ich mir fest vorgenommen, meinem Vater einen Brief zu schreiben und ihm zu sagen, daß er dafür die Schuld trage, daß es meiner Mutter so schlecht gehe. Aber dieser Brief ist nie geschrieben worden. Ich hatte Angst vor diesem übermächtigen Monstrum, weil ich dachte, wenn ich Partei für Mutter ergreife, kriege ich wieder die Kiste voll. Wenn meine Mutter nicht dabei war, fühlte ich mich dann auch wieder so stark von meinem Vater angezogen, daß der Haß weg war.

Ich wollte damals unbedingt Revierförster werden. Als ich merkte, daß ich mit der Hauptschule gerade einfacher Waldarbeiter werden konnte, hat es bei mir Klick gemacht. Innerhalb kürzester Zeit habe ich mich geändert und bin vom fast schlechtesten Schüler zu den Besten aufgestiegen. Ich konnte auf die Handelsschule gehen.

Ich begann zu arbeiten wie ein Pferd. Meine Eltern

waren baff. Nach Beendigung der Handelsschule wollte ich die Forstlehre anfangen. Mein Vater hat jedoch seine Unterschrift verweigert, und meine Mutter konnte sich wieder einmal nicht durchsetzen. Also blieb nur eine Lehre in der Industrie übrig. Doch mir wurde ganz schnell bewußt, daß die Maloche nichts bringt. Tagsüber stupide Büroarbeit und abends in die Kneipe und dort nicht nur ein Bier getrunken, sondern richtig gesoffen. Fünf, acht Biere, um zu beweisen, daß ich allemal mithalten kann.

Meine Mutter hat zu dieser Zeit eine minimale Rolle gespielt. Ich habe sie so gut wie nicht gesehen. Wenn ich gegen elf Uhr besoffen nach Hause kam, schlief sie meistens schon. Ich war auch leise, damit sie nichts mitbekommt. Zwischen uns wurde die Distanz immer größer.

Nach der Lehre habe ich mich auf der Fachoberschule angemeldet. Von fünfzig, die das Vorsemester angefangen haben, sind zwanzig durchgekommen, darunter ich. Vorher hatte ich noch als Jüngster im Landkreis die Jägerprüfung gemacht und als Erfolgreichster bestanden.

Als ich dann angefangen habe zu studieren, hab' ich plötzlich Energien freigesetzt, das war enorm. Da hat dann Fritz Bergers Aufstieg angefangen. Bis heute hab' ich alles mit Glanz und Gloria geschafft. Und das letztlich nur, um denen zu beweisen: Jetzt guckt einmal ganz genau her. Der dumme Fritz bin ich absolut nicht. Ich zeig euch mal, wo es langgeht.

Das war eine Trotzreaktion in die andere Richtung. Nicht mehr Verweigerung. Ich wußte, damit erreichte ich nichts mehr. Ich wollte ihnen zeigen, daß ich jemand bin.

Für meinen Vater war ich allerdings noch der Idiot, als ich schon auf die Uni gegangen bin. Und als ich promoviert hatte, meinte er nur lakonisch: »Es wurde auch Zeit, daß du endlich fertig wirst.«

Meine Mutter dagegen hatte schon angefangen, mich zu respektieren, als ich noch auf die Handelsschule ging. »Das hast du toll gemacht«, sagte sie und wollte die Zeugnisse sehen. Sie honoriert so etwas. Ich habe dann zwar nicht gerade Streicheleinheiten bekommen, aber doch etwas Anerkennung. Das ist für heute ja typisch: Je mehr ein Mensch erreicht, desto mehr Anerkennung findet er. Meine Mutter mußte plötzlich im Bekanntenkreis keine Angst mehr haben, daß der Fritz nur auf die Hauptschule geht. Sie hat sich sogar bei ihren Freunden positiv über mich geäußert. Sie fühlte sich wie befreit. Heute muß ich sie sogar oft bremsen, weil sie meint, ich sei ein Alleskönner.

Was ich damals wirklich gebraucht hätte, war Liebe und Zärtlichkeit. Aber das war ja in unserer Familie so weit weg wie der Mond. Ich hatte schon in der Pubertät eine Vision von Frauen: Weich, Nähe, Vertrauen, Gestreicheltwerden, wirklich rosarot. So ein Gefühl von Gemeinsamkeit und Harmonie, konfliktfrei möglichst. Und dann wollte ich mit der Frau ganz alleine sein. Das war ganz wichtig. Eine eigene Welt, frei von fremden Einflüssen. Ich wollte ganz angenommen werden und mich ganz hingeben.

In der Realität war ich so schüchtern, daß ich nie den Mut hatte, ein Mädchen anzusprechen. Mein Selbstbewußtsein war im Keller. Es war mir zu Hause ja immer gesagt worden: »Komm, Fritz, du Idiot, ruhig, halt die Schnauze.«

Als ich anfing zu studieren, brachte ich es immerhin schon fertig, eine Frau anzusprechen. Mit einem Riesenaufwand, einer Art Kraftakt. Aber ich konnte es.

Im Februar 1972 kam ich zum Fasching in das SVH-Vereinsheim Höhenried. Es war wenig los. Und da sah ich Gerlinde: Es war wie ein Blitzschlag. Sie saß so halb mit dem Hintern auf einem Tisch. Ich dachte nur noch, »jetzt oder nie« und bin auf sie zu.

Sie war genau das Gegenteil meiner immer aufgeregten und hektischen Mutter. Ihr Aussehen hat mich fasziniert. Sehr schöne Frauen haben mich noch nie interessiert. Wenn ich in die Zeitschriften gucke – o Gott. Aber Gerlinde hatte etwas Asiatisches an sich: Still, ruhig, klar, weiblich-schön. Sie war besonnen: nicht kühl, sondern verbindlich. Eine Frau mit Charakter und Konturen.

Wir küßten uns am selben Abend. So hat das angefangen. Ich werde mich mein Leben lang nicht mehr so verlieben wie in Gerlinde. Wir waren fast zehn Jahre zusammen. Fünf Jahre davon haben wir zusammengewohnt.

Mein Vater hat vor Gerlinde großen Respekt gehabt. Meinen Brüdern war sie zu selbständig. Aber meine Mutter hatte zu Gerlinde einen guten Draht. Wenn ich am Wochenende mit ihr heimkam, hat Mutter gut gekocht. Mein älterer Bruder hatte inzwischen promoviert, Peter, der jüngere, hatte mit Ach und Krach das Abitur geschafft. Da war dann alles schon etwas abgeklärter.

Meine Mutter hat Gerlinde nicht nur gern gehabt, sondern bewundert, weil sie so unabhängig und frei war, wie sie selbst es sich immer gewünscht hatte. Gerlinde hatte sich in der Frauenbewegung engagiert und war sehr selbstbewußt, was ihre Rolle als Frau angeht. Sie hat sich Sachen erlaubt und eine eigene Meinung vertreten, was meine Mutter sich niemals herausgenommen hätte.

Meine Brüder hatten dagegen Frauen, die überhaupt nicht den Vorstellungen meiner Mutter entsprachen. Die Frau meines älteren Bruders ist in ihren Augen kalt und arrogant, und die meines jüngeren Bruders geht auch nicht auf sie zu. Deshalb hat sie sich doppelt gefreut, daß ich eine Frau gefunden hatte, die sie mochte.

Brisant wurde es jedoch, wenn es um die Alternative ging: Gerlinde oder sie, die Mutter. Dann kamen manchmal Äußerungen, die ihre ganze Zwiespältigkeit zeigten: »Laß die Gerlinde doch auch einmal weg, damit ich dich alleine hab'« oder so ähnlich. Ganz kraß ausgedrückt ist das so: Meine Mutter freut sich, daß es ihren Söhnen gut geht, aber sie sieht auch, daß wir mit unseren Frauen etwas gemeinsam haben, das sie für sich gewollt hat. Diese Widersprüchlichkeit steckt auch in aufgeklärten Frauen, wenn ihre Söhne aus dem Haus sind. Bei Frauen, die ein eigenes Leben führen, ist sie jedoch geringer als bei einer Frau, die ihr Leben nie reflektiert hat.

Diese ganzen Mechanismen sind mir im Zusammenleben mit Gerlinde nach und nach klargeworden. Durch sie habe ich das veränderte Frauenbewußtsein mitbekommen. Ich habe es jedoch nicht verarbeitet. Ich war noch nicht selbständig genug, die Partnerschaft mit Gerlinde in aller Konsequenz zu leben. Frauen waren für mich damals noch sehr stark Sexualobjekte. Daher hatte ich nicht die Fähigkeit, mich mit Gerlinde geistig auseinanderzusetzen.

Ich war abhängig von dem Zusammensein mit ihr, aber nach acht bis neun Jahren mußte ich mir sagen, daß wir eigentlich nebeneinanderher lebten. Es war eindeutig meine Schuld, daß es auseinanderging.

1981 waren wir für sechs Wochen auf den Philippinen. Wir haben eine tolle Zeit gehabt. Danach wollten wir uns trennen. Auf dem Rückflug von Manila war die Maschine fast leer, ein Riesenkasten. Die Stewardessen haben sich überschlagen. Wir haben bei ihnen in der Küche gesessen, Hummer gegessen und Wein getrunken. Nach dem Motto: »Jetzt noch einmal leben und dann ist es aus.«

Die Maschine landete. Wir standen auf dem Flughafen. Da habe ich einen ganz tiefen Schmerz verspürt, mußte weinen. Gerlinde hat danach noch den Versuch unternommen, die Partnerschaft weiterzuführen. Mir hat die Auseinandersetzung mit ihr gefehlt, aber ich wollte Gerlinde nicht mehr. Ich wollte mit Frauen nichts mehr zu tun haben. Ich habe auf dem Bett gelegen und eine Zigarette nach der anderen geraucht und bin immer eigenbrötlerischer geworden. Mir ist immer klarer geworden, daß mit mir etwas nicht stimmt. Ich habe mich hochgearbeitet, aber ich hatte den Eindruck, das ist alles nicht von mir.

Während meiner Promotion in R. habe ich Karin kennengelernt. Es war eine rein sexuelle Beziehung. Karin war ein ganz anderer Typ als Gerlinde, so flippig. Das Unkonventionelle an ihr hat mich gereizt.

Ich habe dann ein Stipendium in London bekommen. Karin sollte nachkommen. Drei Tage vor ihrer Ankunft saß ich in einem Pub beim British Museum, und plötzlich wußte ich, daß sie einen anderen Typ hat. Da habe ich mich so besoffen, weil ich dachte, wenn sie kommt, ist Sense. Ich habe mich nicht mehr unter Kontrolle gehabt und ein Bier nach dem anderen in mich reinlaufen lassen.

Karin kam. Sie stand in der Küche, und ich habe ihren Augen angesehen, daß ich mit meiner Vermutung recht hatte. Ich habe noch nie eine Frau geschlagen, aber da habe ich eine Riesenlust gehabt, ihr eine in die Fresse zu hauen. Ich bin dann drei Tage unter dem Boden gelaufen. Habe versucht weiter zu kämpfen, aber schließlich habe ich gesagt: »Komm, Karin, du willst etwas anderes, ich will etwas anderes. Fahr' heim.« Wir haben dann den Schlußstrich gezogen.

Danach hatte ich das Gefühl, das Faß in mir ist am Überlaufen. Ich habe dann einen Analytiker angerufen und ihm gesagt: »Bei mir ist es fünf vor zwölf. Wenn ich so weitermache, gehe ich kaputt.« Daraufhin meinte er: »Sie können mit einer Therapie anfangen. Aber über die Kasse läuft nichts.«

Meine finanzielle Situation war nicht gut, doch ich habe mir gesagt: »Es kann kosten, was es will. So wie bisher wurstel' ich mich nicht mehr durch.« Ich habe dann die Analyse angefangen.

Kurz darauf ist meine Mutter für eine Woche zu mir nach W. gekommen. Sie hatte schon im Lauf der letzten fünfzehn Jahre immer mehr meine Nähe gesucht. Das hat etwas damit zu tun, daß ich in ihren Augen etwas geworden bin. Außerdem bin ich von uns Brüdern der Zugänglichste. Mein älterer Bruder verkörpert mehr meinen Vater: »Ich habe recht und ich will.« Er versucht, meine Mutter zu etwas zu überreden und seine Interessen durchzusetzen. Ich bin vom Charakter her eher von meiner Mutter geprägt. Also ganz und gar nicht der grandiose Typ, der mit Pauken und Trompeten auffährt.

Meine Mutter war also da, und was dann abgelaufen ist, war eine ganze Menge. Das hat mir mindestens ein Jahr Analyse erspart. Ich konnte auf einmal ganz glasklar erkennen, welche Beziehung ich zu meiner Mutter hatte, und meine Position zwischen meinen Eltern klären.

Meine Mutter und mein Vater hatten einen Riesenkonflikt gehabt. Es war herausgekommen, daß mein Vater sieben Jahre lang eine Freundin hatte. Da ist meine Mutter zusammengebrochen. Sie hat ausgesehen, als sei sie dem Tod von der Schippe gesprungen. Sie war kurz vorm Aufamseln, wie man so schön sagt.

Es war ihr nicht möglich, die Realität zu sehen. Dabei hatte mein Vater schon drei Jahre nach der Hochzeit eine Geliebte. Nachdem er seine Klitsche zugemacht und in einer anderen Firma eingestiegen war, hat er einen Aufstieg erlebt. Plötzlich waren Nobelhotels und eine ganz andere Art von Frauen als meine Mutter attraktiv. Für ihn zählten nur noch Ruhm, Geld und Schönheit, nur Äußerlichkeiten. Das ist heute noch so. So etwas muß man sich mal vorstellen. Mein Vater, im Prinzip ein Kleinbürger, stieg ein in die Gesellschaft von Großunternehmern mit weltmännischem Gehabe.

Gleichzeitig drückte er meine Mutter in den Dreck. Und meine Mutter, was machte sie? Sie nahm nicht einfach ihre Kinder, die wahrscheinlich davon profitiert hätten, und verließ meinen Vater. Nein, sie stand auf, wischte den Dreck ab und glorifizierte weiter ihren Mann. Sie haßt ihn und hält krampfhaft an ihm fest. Was hat sie in dieser Woche geredet. Immer wieder hörte ich die gleiche Schallplatte. Immer dieselben verbohrten Argumente, die ich schon hundertmal gehört hatte: »Jetzt sind wir schon so lange zusammen, und ich kann nicht allein leben.« Sie ist ihm hörig. Aber mein Vater will schon lange nichts mehr mit ihr zu tun haben.

Das hat mich alles so genervt, daß ich wieder angefangen habe zu trinken. Ich dachte, jetzt muß ich erst mal einen Schluck nehmen. Und dann trank ich immer mehr.

Meine Gefühle waren zwiespältig: da war Trauer und da war Aggression. Nicht nur gegen meinen Vater, sondern auch gegen meine Mutter, gegen dieses Weinerliche und ihr verdammtes Harmoniebedürfnis. Sie gibt ja nicht einmal zu, wie übel ihre Ehe gelaufen ist. Sonst würde alles zusammenbrechen. Ich habe zwar während dieser einen Woche gelernt, ihre Situation und was ihr passiert ist zu verstehen. Aber ich habe auch gelernt, daß ich ihr nicht helfen kann.

Die Analyse hat noch zusätzlich dazu beigetragen, mein Verhältnis zu ihr zu klären. Es lupft mir heute nicht mehr den Magen, wenn sie mich anruft und ihr Wehweh vorträgt. Ich kann ihr keine Ratschläge geben. Ratschläge sind eh Blödsinn. Wenn sie mir ihr Herz ausschüttet, kann ich den Hörer vom Ohr weghalten, und ich weiß genau, wo sie gerade ist. Ich kenn' das alles von A bis Z. Mein Mitleid ist weniger geworden, und meine Zuneigung ist nicht mehr sonderlich groß.

Ich schicke auch meinen Vater nicht mehr in die Wüste. Ich weiß jetzt, warum er so geworden ist, und ich weiß auch, daß er eine knallharte Frau und nicht meine Mutter gebraucht hätte. Wir können inzwischen sehr gut miteinander umgehen. Der kleine Fritz, der mit Angst und Bewunderung zu ihm aufgeschaut hat, ist ebenbürtig geworden. Ich kann sehr gut alleine gehen, sehr gut. Das Verhältnis zu meiner Mutter hatte das jahrzehntelang verhindert.

Was bleibt, ist ein bitterer Nachgeschmack. Vor kurzem habe ich zufällig ein Foto von meiner Mutter gefunden. Sie ist darauf 20 Jahre alt: Eine attraktive, selbstbewußte Frau, nach der ich mich heute auf der Straße umdrehen würde. Ich habe sie gebeten, mir das Foto zu schenken. Es liegt in der Schublade meines Schreibtisches. Wenn ich es anschaue, kann ich nur sagen: »Was hast du aus deinem Leben gemacht? Warum mußtest du ausgerechnet den Hinrich Berger treffen? Das war wirklich ein Schicksalsschlag. Du bist jetzt 60 Jahre alt und hast genau 40 Jahre deines Lebens über Bord geworfen.«

Ich habe das Frauenbild, das meine Mutter verkörpert, weit hinter mir gelassen. Ich bin heute fähig, Partnerschaft wirklich zu leben. Meine Freundin Claudia ist 25 Jahre alt. Sie studiert Jura und will später ihren Beruf ausüben. Wir wünschen uns Kinder. Ich bin bereit, dafür beruflich Abstriche zu machen und mich genau wie sie um die Kinder zu kümmern. Kinder und Beruf, beides für beide.

Aber das geht meist gar nicht. Der Arbeitsmarkt ist nicht darauf eingerichtet, daß jemand sagt, ich arbeite weniger und nehme dafür ein reduziertes Einkommen in Kauf. Der ist voll von qualifizierten Kräften, und die Uni quillt über von Leuten, die volle Kanne arbeiten wollen.

Gleichberechtigung und Emanzipation von Mann und Frau existieren bisher nur in den Köpfen von wenigen Leuten. Wer arbeitet denn so etwas auf? In ganz normalen Arbeiterfamilien – immerhin die Hälfte unserer Bevölkerung – macht man sich doch zum Beispiel über die Beziehung zwischen Müttern und Söhnen keine Gedanken. Das interessiert die einen Dreck.

Wenn da was nicht funktioniert, kriegen der Sohn oder die Frau eine Tracht Prügel. Eingefahrene Strukturen können sich nur auf ganz lange Sicht ändern. Lösungen werden auf diesem Gebiet nicht von heute auf morgen geschaffen. Viele Leute tun aber so, als ob die Sache schon gelöst wäre. Dabei wurde gerade erst mal ein Problemaufriß geleistet.

Ich kenne auch viele intellektuelle Partnerschaften, in denen die Frau nur Sexualobjekt ist. Da wird doch nach wie vor sehr viel über den Kopf aufgenommen, aber vom Bauch her nichts begriffen.

Einige Leute sagen, wir machen ja alles gemeinsam, und es ist so schön partnerschaftlich bei uns. Aber wenn es dann ans Eingemachte geht, sprich an die Karriere, dann drückt der Mann doch seine Wünsche durch, und die Frau muß mitmachen. Denn wer einmal anfängt, ist voll in der Karrieremühle drin.

Und wenn noch Kinder da sind, hat die Frau sowieso wenig Chancen, ihre Berufswünsche wahrzumachen. Deshalb überlegen sich qualifizierte Frauen heute sehr genau, ob sie Kinder haben wollen oder nicht. Claudia und ich, wir überlegen uns das auch.

Aber wenigstens spukt meine Mutter nicht mehr in meinem Innenleben herum.

## Das war alles andere als Liebe

*Lothar Fischer, 44, Rechtsanwalt*

*Anfang 1988 lud ein bekannter Krimiautor in die Frankfurter Romanfabrik ein. Der Kellerraum war brechend voll. Nach längerem Suchen entdeckte ich eine Bank, auf der ich meinte, noch Platz zu finden. »Wenn Sie ein bißchen rücken, passe ich noch dazwischen«, sagte ich zu einem bärtigen Mann mit schlabbrigem Pullover. Er warf mir einen scharfen, hochmütigen Blick zu, der mir signalisierte: »Komm' mir bloß nicht zu nahe!«*

*Das war gar nicht meine Absicht. Während der nächsten Stunden ging ich dann auch auf Distanz und hielt mich an den Krimiautor, der mir gegenüber saß. Meine Interesselosigkeit an seiner Person schien meinen Nachbarn zu beruhigen. Er begann schließlich mit mir ein Gespräch, in dessen Verlauf er mich wissen ließ, daß er vorhabe, für seinen Bauernhof im Taunus eine Kuh zu kaufen. Von den Kühen vollzog er eine kühne Wendung zu Frauen, und von dort aus war es ein direkter Weg zu Müttern im allgemeinen und zu seiner Mutter im besonderen. Kurz vor Mitternacht vertraute er mir an, daß er einen lebenslangen Kampf gegen seine Mutter führe. Ein paar Tage später nahm ich in seiner Anwaltskanzlei das Drama seiner Kindheit mit dem Tonband auf.*

Meine Mutter hat meinen Vater lange Zeit aus ihrem Leben ausgeschaltet und mehr mit mir zusammengelebt. Unsere Beziehung war so eng, daß ich große Schwierigkeiten hatte, ein eigenes Leben zu führen.

Vor zehn Jahren habe ich gesagt: »Jetzt ist Schluß.« Ich habe gemerkt, daß ich von der Frau weg muß, weil ich sonst verrecke. Freiwillig hätte sie mich nie losgelassen. Die Trennung war deshalb eine Gewalttour. Danach habe ich ein Jahr lang keinen Kontakt zu meiner Mutter gehabt. Das war für sie ganz schrecklich. Auch für mich war es furchtbar.

Ich habe den Schlußstrich gezogen, weil ich mich zwischen meiner Mutter und meiner Frau Elke entscheiden mußte. Ursprünglich hatte meine Mutter es sich so gedacht, daß sie als eine Art Allmutter über meiner Ehe schwebt. Sie wollte auch das Leben meiner Frau in die Hand nehmen. Hätte meine Frau sie jeden Tag zweimal angerufen – wie meine Schwägerin es macht – und sie um Rat und nach meinen Bedürfnissen gefragt, wäre alles gut gewesen. Aber das hat meine Frau nicht gemacht. Sie ist eine sehr selbständige Person, und das hat meine Mutter sehr getroffen.

Ständig ist sie über Elke hergezogen. Elke war das Allerletzte. Eine Drecksau und nicht diskutabel. Meine Mutter war aber zu feige, Elke das ins Gesicht zu sagen. Statt dessen hat sie versucht, über mich Einfluß zu nehmen. Wenn meine Frau davon erfuhr, war sie sauer und hat das meiner Mutter auch deutlich gesagt. Das gab immer einen Riesenkrach. Ich stand dann dazwischen. Einerseits habe ich meiner Mutter vorgeworfen, daß sie so hinterfotzig rumagiert. Auf der anderen Seite habe ich meiner Frau den Vorwurf gemacht, daß sie eine Konfrontation herbeigeführt hat.

Ich habe damals nicht begriffen, daß man Konflikte zur Sprache bringen muß. Heute weiß ich das sehr gut. Beruflich hatte ich da nie Schwierigkeiten. Ich war immer in der Lage, Probleme argumentativ aufzuarbeiten und sie gut zu verkaufen. Aber weiß der Teufel was, bei meinen eigenen Angelegenheiten bin ich heute noch eine Niete, wenn es darum geht, Probleme offen auszusprechen.

Es ist für mich immer noch unheimlich schwer, aus dem ganzen Mist rauszukommen, der mit meiner Mutter zusammenhängt. Wenn ich in Büchern lese, wie man zu einem unabhängigen Menschen wird, dann erkenne ich, daß ich keine gerade Entwicklung genommen habe und auch nicht nehmen konnte. Bei den verkorksten Familienverhältnissen, in denen ich groß geworden bin, kein Wunder.

Wir haben erst in Frankfurt gewohnt. Nach der Evakuierung 1944 sind wir zu meinen Großeltern in ein kleines Kaff gezogen. Mein Großvater, der Vater meiner Mutter, war Amtmann. Meine Großmutter habe ich als sehr nette, aber auch sehr eingebildete Frau in Erinnerung. Sie war immer etwas Besseres als andere.

Mein Vater ist ein handfester Bauernsohn. Er war zum katholischen Pfarrer bestimmt und durfte deshalb Abitur machen. Als der Krieg kam, hat er gemerkt, daß es noch etwas anderes gibt als Jesus und ist an meine Mutter gekommen. Sie haben ein paar Monate zusammen verbracht. Dann war mein Vater weg. Wenn er aus dem Krieg auf Urlaub kam, hat er meiner Mutter ein Kind gemacht. Mein Bruder ist 1941 und ich bin 1944 geboren.

Meinen Bruder hat meine Mutter immer beiseite geschoben. Warum sie das gemacht hat, weiß ich bis heute nicht. Sie hat ihn immer schlecht behandelt. Ihre Lieblosigkeit hat meinen Bruder völlig blockiert. Er hat in der Schule nichts begriffen und Ärger gemacht. Wenn wir Streit hatten, war immer er es, der verhauen worden ist, ich nie. Das war ungerecht, denn ich habe ihn immer reingelegt. Das habe ich hingekriegt.

Heute ist mein Bruder für mich ein fremder Mann. Ich habe noch nicht einmal freundschaftliche Gefühle für ihn. Neulich bin ich zu ihm gefahren, weil er einen Elektroherd hatte, den ich brauchte. Das war so ein Anlaß, meinen Bruder zu sehen.

Er ist Studienrat geworden; ne, Oberstudienrat sogar. Soweit ich das beurteilen kann, hat er keine Probleme mit sich. Die Ablehnung unserer Mutter hat ihm geholfen, sich viel früher von ihr zu lösen, als ich es konnte.

Mich hat meine Mutter als Ersatzmann herangezogen. Ich habe meine Mutter nie nackt gesehen und habe mit ihr nie auch nur andeutungsweise über Sexualität gesprochen. Das Thema Sexualität ist für sie absolut tödlich. Meine Mutter hat Angst vor Sexualität. Trotzdem war unsere Beziehung ganz stark sexuell geprägt. Als ich fünf Jahre alt war, habe ich gesehen, wie eine Freundin meiner Mutter ihr Kind gestillt hat. Ich habe die mächtigen Brüste der Frau und das kleine hilflose Kind immer mit meiner Mutter in Verbindung gebracht.

Dabei kann ich nicht einmal sagen, ob sie mich gestillt hat. Ich weiß auch nicht, ob sie mich zu sich ins Bett genommen hat. Ich habe keine Erinnerung aus der Zeit vor meinem fünften Lebensjahr. Das ist alles weg, verdrängt. Ich nehme aber an, daß meine Mutter sehr intensiv mit mir geschmust hat, denn meine Vorstellungen davon haben mich so beschäftigt, daß ich unheimliche Fantasien entwickelt habe.

Als ich schon in der Pubertät war, habe ich davon geträumt, daß ich mit meiner Mutter schlafe. Es war mit Sicherheit nicht wahr. Aber ich konnte Wirklichkeit und Traum nicht unterscheiden. Und das Komische ist – ich bin sogar so gut wie sicher –, daß meine Mutter ähnliche Träume hatte.

Mein Vater war 1946 aus dem Krieg nach Hause gekommen und wollte Medizin studieren. Das hat ihn interessiert, und er wäre auch ein prima Arzt geworden. Meine Mutter hatte eine Ausbildung als Lehrerin. Zumindest erzählt sie immer, daß sie heute Studienrätin sein könnte. Ich weiß nicht, ob etwas dran ist. Genau nachfragen darf man nicht, dann ist sie beleidigt.

Aber wenn es stimmt, was sie behauptet, dann hätte sie ja damals arbeiten, und mein Vater hätte studieren können. Das hat sie ihm aber verweigert. Deshalb konnte mein Vater kein Arzt werden. Er hat statt dessen Kurse als Volksschullehrer gemacht und ist ein prima Lehrer geworden. Er hat seine Schüler nicht durch

Autorität zu etwas gebracht, sondern indem er ihre Begeisterung weckte. Mein Vater war ein unheimlich beliebter Lehrer und ist ein total netter Typ.

Das weiß ich aber erst seit ein paar Jahren. Als Kind und Jugendlicher war ich so von meiner Mutter eingenommen, daß ich für meinen Vater überhaupt keinen Platz hatte. Er hat sich schon um mich bemüht, aber ich habe gar nicht darauf reagiert. Es gab für mich keinen Vater, nur eine Mutter.

Ich bin nie dazugekommen herauszufinden, was ich selbst möchte und fühle. Ich habe immer die unausgesprochenen Wünsche meiner Mutter erfüllt. Bei ihr war ich der liebe Junge. Nach außen war ich dagegen sehr aggressiv. In der Schule habe ich mich frech und unverschämt benommen. Wenn sich jemand beschwert hat, habe ich meiner Mutter vorgelogen, daß alles ganz anders war. Meine Version der Vorfälle war für sie dann maßgebend. Sie hat mich immer wieder gedeckt und wäre für mich durchs Feuer gegangen.

Ich bin heute so gut wie sicher, daß meine Mutter sehr wenig Selbstbewußtsein hat. Ihr Verlangen, es im Leben zu etwas zu bringen, hing deshalb eng mit mir zusammen. Ich bin mit fünf Jahren in die Schule gekommen und konnte alles: Lesen, Schreiben, Rechnen. Während der ersten vier Jahre habe ich gar nicht gewußt, weshalb ich in der Schule bin. Ich habe nie etwas gearbeitet.

Meine Mutter wollte aus mir einen Diplomaten machen. Dafür muß man Jura studieren. Mich hat Chemie interessiert. Chemie hat aber sehr viel mit Mathematik zu tun, und da ich in Mathe nie besonders gut war, habe ich meiner Mutter den Wunsch erfüllt und Jura studiert.

Mit dem Ergebnis, daß ich damit überhaupt nichts anfangen konnte. Das war mir alles zu viel Theorie. Irgendwie habe ich dann doch das Examen bestanden. Als es ans zweite Examen ging, hatte ich mit Menschen zu tun. Das hat mich fasziniert. Ich habe gemerkt, daß ich mit Menschen umgehen kann und habe das Studium dann doch noch ganz gut abgeschlossen.

Danach wollte ich Anwalt werden. Die Enttäuschung meiner Mutter war groß. Sie hat meine Laufbahn halt anders gesehen, glanzvoller. Ich kann es nicht ändern. Es macht sie heute jedesmal krank, wenn sie sieht, wie ich rumlaufe. »Du als Anwalt«, kommt dann.

Wenn ich kein Jurist geworden wäre, wäre ich wahrscheinlich Verbrecher geworden. Regelverletzungen machen mir wahnsinnigen Spaß. Die Gesetzesbrecher sind mir lieber als die anderen. Ein guter Freund von mir kifft wie ein Idiot, ist sehr intelligent und hat schon 15 Jahre im Gefängnis gesessen. Ein anderer Bekannter, den ich auch sehr gerne mag, hat drei Millionen Schulden gemacht und ist ein eingebildeter Verrückter.

Ich habe auch einen guten Freund, der ist Staatsanwalt und kann inzwischen auch unterscheiden zwischen Recht und Unrecht. Am Anfang hat er gemeint, jeder Gesetzesbruch sei Unrecht. Aber es ist nicht alles Unrecht, was gegen das Gesetz verstößt.

Es gibt keinen Richter, mit dem ich nicht zurechtkomme. Das ist aber ein berufliches Zurechtkommen. Privat gibt es eine ganze Menge, zu denen ich sage: »Mit dir nicht.«

Meine Frau habe ich während der Referendarzeit kennengelernt. Meine Mutter ist klein und dick und fett. Meine Frau ist dagegen eine große, robuste Frau. Nicht so ein Dünnerchen, aber auch nicht dick.

Ich habe sie von Anfang an unheimlich gern gehabt. Aber ich habe sie letztlich nur geheiratet, um aus dem Verhältnis zu meiner Mutter rauszukommen. Ich habe sie gebraucht, und sie hat mich gebraucht. Ihre Mutter ist gestorben, als sie 13 Jahre alt war. Ihr Vater war aber ziemlich lebensuntüchtig, und Elke hat dann in der Familie so eine Vorstandsrolle übernommen. Sie hat einen Muttertick gehabt. Ich war für sie das Kindchen. Das hat genau zu mir gepaßt.

Die ersten Jahre war alles wunderbar, aber als die Kinder kamen, war ich aus dem Rennen. Das war ein verflixt böses Erwachen. Meine Frau hatte unsere drei Töchter und konnte wirklich Mutter sein. Sie brauchte kein viertes Kind. Das wäre für mich der Punkt gewesen, wo ich ihr hätte ein Mann sein müssen, der sie halt auch ein bißchen beschützt und sonst was. Aber das konnte ich nicht. Ich habe einfach nicht die Kurve gekriegt.

Wir waren damals nicht soweit, daß wir offen über die Dinge sprechen konnten, die da passierten. Das lief alles unterschwellig ab.

Es ist auch nicht so, daß ich auf die Kinder böse bin, weil sich Elke ihretwegen von mir abgwandt hat. Meine Kinder haben mir von Anfang an unheimlich viel bedeutet und sind mir heute noch das Liebste auf der Welt.

Ich war bei ihrer Geburt dabei und habe das sehr genossen. Eine Zeitlang hat Elke die Kinder gestillt. Um ihr zu beweisen, daß ich eine genau so gute Mutter bin wie sie, bin ich danach regelmäßig aufgestanden und habe die Kinder versorgt. Wenn etwas in ihrem Magen rumort hat oder nur die geringste Kleinigkeit los war, habe ich sie durch die Wohnung geschleppt und alles mögliche gemacht, damit sie sich wohl fühlen.

Natürlich lag der emanzipierte Vater damals auch im Trend. Ich gehöre zur 68er Generation und habe versucht, die Rollenteilung zu verwirklichen.

Oft bin ich kaum zum Schlafen gekommen. Vor Müdigkeit konnte ich mich tagsüber kaum auf meine Arbeit konzentrieren. Aber ich habe gedacht: »Du machst weiter. Du mußt das durchstehen.« Obwohl ich oft eine Wut hatte und dachte: »Merkst du nicht, wie geschafft ich bin? Ich kann nicht mehr. Jetzt bist du mal dran.«

Aber ich habe das nicht gesagt. Ich habe Elke schlafen lassen, weil ich ihr immer wieder einen Anlaß geben wollte, mich gern zu haben. Ich habe damals noch nicht das Bewußtsein gehabt, daß man auch gern gehabt werden kann, weil man so ist, wie man ist. Ich habe immer gemeint, man muß etwas dafür tun, um sich als liebenswert zu erweisen. Das hatte ich ja bei meiner Mutter die ganzen Jahre über praktiziert.

Ich habe, um bei meiner Frau gut dazustehen, das Studium ihres Bruders und das Studium ihrer Schwester finanziert. Ich habe die ganze Familie finanziert. Elke hat zwei abgeschlossene Berufe. Sie ist Dekorateurin und Innenarchitektin. Vor der Geburt unserer ersten Tochter hat sie dann noch angefangen Architektur zu studieren. Ich habe nichts von ihrem Studium verstanden, aber ihre Leistung hat auf mich zurückgestrahlt. Ich fühlte mich erhöht, weil ich eine so tolle Frau hatte, die alles schafft: Studium, Haushalt und später dann die Kinder.

Für die älteste Tochter haben wir ein Kinderhaus mit aufgebaut, und als die beiden jüngeren kamen, haben wir jeweils eine Krabbelstube gegründet. Wir waren ständig am Organisieren und haben unsere eigenen Bedürfnisse so hintenangestellt, daß wir beide überhaupt nicht mehr gelebt haben. Es ging nur noch um die Kinder.

Ich habe oft gedacht: »Hallo, merkst du denn gar nicht, daß ich auch noch da bin?« Und dann habe ich Elke geschlagen. Nicht nur einmal. Das letzte Mal ist es passiert, als sie meinen Vater aus unserer Wohnung geworfen hatte. Er hatte sie gestört, und da bin ich durchgedreht. Das war ein unheimlicher Gewaltakt.

Ich trau' mich noch nicht, es ganz durchzudenken, was da wirklich in mir abgelaufen ist. Eigentlich war mir Elke immer so lieb, daß ich sie nie schlagen würde. Ich nehme an, es war die reine Hilflosigkeit, weil nichts mehr so funktionierte, wie es meiner Meinung nach funktionieren sollte. Ich hatte nichts mehr im Kopf als »Dieses Biest soll doch endlich machen, was ich will. Es soll die Rolle als Mutter weiterspielen, die es gespielt hat, bevor die Kinder da waren.«

Ich konnte nicht weg von dem, was ich mir vorgestellt hatte. Ich bin dabei sogar sicher, daß Elke froh war, daß es so weit gekommen war. Wir hingen ja trotz allem sehr eng zusammen, und sonst hätte sie sich gar nicht von mir lösen können.

Um noch kurz das Ende meiner Ehe zu beschreiben: Ich hatte mir zum Schluß eine Freundin zugelegt. Eine Französin, die auch in einer sehr schwierigen Ehe lebte und ein Verhältnis so wenig wie ich brauchen konnte. Wir haben zusammen eine Art sexuellen Leistungssport betrieben. Da ist alles explodiert.

Mein Fehler war, es meiner Frau zu verheimlichen. Sie hat es dann durch einen dummen Zufall erfahren. Und ich habe dann die Gelegenheit benutzt, um von dem Karren meiner Ehe abzuspringen. Für meine Frau war ich inzwischen auch ein solcher Klotz am Bein geworden, daß sie erleichtert war, mich los zu sein.

Wir haben uns getrennt. Die Zeit danach war schrecklich. Monatelang bin ich morgens ins Büro gegangen, abends um sieben nach Hause, habe die Vorhänge zugezogen und mich ins Bett gelegt. Ich habe das nicht verkraftet.

Am Weihnachtsabend 1985 habe ich dann Tabletten geschluckt bis zum Gehtnichtmehr und bin in der Intensivstation eines Krankenhauses aufgewacht. Meine Frau hat sich dann sehr um mich gekümmert. Einmal sind sich meine Frau und meine Mutter bei mir begegnet. Das war abenteuerlich. Daß die nicht aufeinander losgegangen sind, war alles.

Als ich aus dem Krankenhaus entlassen war, sind meine Frau und ich nach Mallorca geflogen. Wir haben versucht, unsere Beziehung noch einmal hinzukriegen. Aber es war nichts mehr zu machen. Es war einfach nichts mehr da.

Ich würde unser Verhältnis heute als freundschaftlich bezeichnen. Wenn ich abends ab und zu mit Elke weggehe, ist das ganz schön. Mehr nicht. Der eigentliche Konsens, den wir noch haben, sind die Kinder. Ich weiß, daß meine Frau sich gut um die Kinder kümmert. Und wenn ich die Kinder habe, weiß sie, daß sie gut untergebracht sind.

Mit meiner Mutter hatte ich mich in den Jahren vor meiner Trennung von Elke nur im Bösen auseinandergesetzt. Nach dem Scheitern meiner Ehe war für meine Mutter völlig klar: Die Elke ist weg, jetzt bin ich wieder die Nummer Eins. Sie hat dann furchtbar schlecht über die Elke gesprochen. Ich bin jedesmal ärgerlich geworden. Elke war nicht schlecht. Ich war der Aggressor, der seine Frau geschlagen hat. Aber das geht nicht in den Kopf meiner Mutter.

Ich habe ihr gegenüber neulich erwähnt, daß ich mich vielleicht wieder mit einer Frau liiere. Meine Mutter hat überhaupt nicht hingehört. Es war, als hätte ich gegen eine Wand geredet. Sie will nichts von den Rechten abgeben, die sie ihrer Meinung nach auf mich hat.

Dieses Besitzergreifen bekomme ich bei jedem Besuch zu spüren. Dann reißt sie mich an sich und ich werde abgeküßt. Ich kriege jedesmal eine Gänsehaut.

Das sind alles Sachen, die mir immer klarer vor Augen führen, daß meine Mutter mir eigentlich alles andere als Liebe und Zuneigung gegeben hat. Sie hat diese Gefühle selber gebraucht. Ob ich zufrieden lebe, war ihr eigentlich immer Wurscht. Weil sie nie gelernt hat, mit sich selber umzugehen, kann sie auch nicht mit anderen umgehen.

Das hat sicherlich etwas mit ihrem Verhältnis zu ihrer Mutter zu tun. Meine Mutter hat ihre Mutter wie die Pest gehaßt, und meine Großmutter hat meine Mutter mit Vergnügen unterdrückt. Das war schlimm.

Meine Großmutter ist neunzig geworden und war immer krank. Meine Mutter ist jetzt siebzig und ist auch immer krank. Ich denke, daß sie auch so alt wird wie ihre Mutter.

Meine Großmutter hat ihre letzten Jahre im Altenheim verbracht. Ich bin einmal in der Woche zu ihr gefahren, habe ihre Hand gehalten und mit ihr geredet. Als es bei meiner Großmutter ans Sterben ging, hat meine Mutter sich ins Krankenhaus gelegt und an etwas ganz Schlimmem operieren lassen. Einmal hat mich die kalte Wut gepackt, und ich habe zu meiner Mutter gesagt: »Du bist doch bloß ins Krankenhaus gegangen, um nicht mitzuerleben, wie deine Mutter abkratzt.« Das war tödlich. Sie hat mich rausgeschmissen. Der blanke Haß kam aus ihr heraus.

Ich habe danach für mich gedacht: »Wie gehässig du doch deiner Mutter gegenüber bist.« Die Sache hat mir gezeigt, welche Beziehung ich heute zu meiner Mutter habe.

Ich weiß inzwischen, daß es nicht zu einer Klärung unseres Verhältnisses kommen wird. Wirkliche Gespräche sind zwischen uns nicht möglich. Ich kann meine Mutter ruhigstellen auf etwas Harmloses. Damit ist sie zufrieden. Mehr möchte sie gar nicht. Ich habe den Rückzug angetreten. Einfluß kann meine Mutter nicht mehr auf mich ausüben. Meine Mutter ist eine arme Sau, die nie ihr eigenes Leben gelebt und nie etwas genossen hat. Aber ich bin nun einmal aus der Frau rausgekrochen, und wenn ich sie von Zeit zu Zeit besuche, komme ich damit einer moralischen Verpflichtung nach.

Zu meinem Vater habe ich seit einigen Jahren ein gutes Verhältnis. Vorher habe ich ihn immer ungerecht behandelt. Mir ist heute unheimlich wichtig, daß er merkt, wie sehr ich ihn mag. Er ist 73, aber so jugendlich und sportlich, daß er nicht älter wirkt als 60. Er ist ein unheimlich lebenslustiger Mann und versteht sich mit allen. Ich weiß nicht, wie er mit meiner Mutter auskommt. Er stand immer unter ihrer Knute und da steht er heute noch. Ich habe versucht, mit ihm darüber zu reden. Aber dann sagt er: »Laß sie doch. Da ist eh nichts mehr zu machen.« Er sieht zwar auch, daß die Frau spinnt. Aber er hat sie halt auch gerne und will keine Probleme.

Letztlich ist das ja auch nicht meine Sache. Ich habe aufgehört, meinen Eltern und besonders meiner Mutter Vorwürfe zu machen und sie zu verurteilen. Sie hat viel verkorkst. Aber ich kann ja noch gar nicht sagen, was ich alles bei meinen Kindern verkorkst habe. Ich kann ja auch nicht aus dem familiären Kreislauf ausbrechen und gebe unbewußt vieles weiter, was ich selbst erlebt habe. Ich kann nur versuchen, es besser hinzukriegen als meine Mutter.

Meine Töchter sind jetzt zehn, sieben und fünf Jahre alt. Bei der Ältesten ist sehr viel schief gelaufen. Sie hat halt viel von der ganzen Auseinandersetzung zwischen meiner Frau und mir mitbekommen. Ihr soziales Verhalten ist vorbildlich. Sie hilft sofort jedem und allem. Aber gerade das ist ja bedenklich. Bei den beiden Kleinen sehe ich dagegen überhaupt keine Probleme.

Meine Kanzlei liegt auf ihrem Schulweg. Mittags kommen meine Kinder oft vorbei, und dann reden wir ein paar Worte. Die Wochenenden verbringen wir meistens auf einem Hof, den ich im Vogelsberg gekauft habe. Ich habe da Ponys, und im Augenblick sehe ich mich nach einer Kuh um. Ich koche dort für uns, wir reiten zusammen aus und ich bin so offen wie möglich mit den Kindern. Ich kann sie knuddeln und küssen und finde es einfach toll, wie sie mir ihre Bedürfnisse zeigen.

Die Älteste ist ab und zu spitz und versucht, mich sexuell anzumachen. Sie will oft schmusen und legt sich auf mich und reibt sich. Dann laß ich sie eine Weile, bis ich sage: »So, Britta, jetzt hör auf. Ich bin nicht der richtige Partner für dich. Du mußt dir einen anderen suchen.«

Ich rede mit den Kindern ganz offen über Sexualität.

Das ist die Reaktion auf das, was ich zu Hause bei meiner Mutter erlebt habe. Ich finde es einfach lebensnotwendig, daß man auch da nichts vor Kindern versteckt.

In unseren schlimmsten Auseinandersetzungen hat mir meine Frau einmal vorgeworfen, daß ich mich sexuell mit meinen Kindern betätige. Das habe ich mir sehr zu Herzen genommen und mich genau überprüft. Dabei habe ich festgestellt, daß ich meine Kinder einfach herzlich liebe und sonst gar nichts. Ich würde nie im Leben etwas Sexuelles mit ihnen anfangen.

Was ich mir für sie wünsche, ist, daß sie später nicht über ihren Partner leben, sondern durch sich selbst. Daß sie sich selbst fühlen und mögen. Ich wünsche mir, daß sie eine Partnerschaft nicht daran messen, was der andere davon hat, sondern was sie selbst davon haben.

Mir fällt es noch immer sehr schwer zu sagen, was mir gut tut und was nicht. Obwohl – heute war ich wieder in einem Café und habe einen Capuccino getrunken. Schön war das. Bisher war mir nie in den Sinn gekommen, daß ich mittags einfach aus dem Büro gehe und mich irgendwo hinsetze und einen Kaffee trinke.

Ich habe im Büro gesagt, daß ich um halb vier wiederkomme. Ganz habe ich das nicht geschafft. Um halb drei war ich wieder da. Aber das ist ein Anfang, und ich mache weiter. Ich lerne langsam, zu tun, was mir Spaß macht, und nach innen irgendwie klarzukommen.

## Ich bin doch auch liebenswert

*Philipp Kamphaus, 30, Studienrat*

*Ich lernte Philipp Kamphaus telefonisch über eine Beratungsstelle für Homosexuelle kennen. Wir verabredeten uns. »Ich habe im Augenblick sehr viel zu tun. Deshalb wäre es mir lieb, wenn Sie zu mir kommen würden«, meinte Philipp Kamphaus. Mir war es recht. Seine Wohnung liegt in einem schönen Altbau in einer ruhigen Straße. Nachdem er die Tür hinter mir geschlossen hatte, meinte er: »Haben Sie gar keine Angst, einen fremden Mann zu besuchen?« Sein Blick war wach und prüfend, sein Gesicht hatte etwas Kindlich-Rührendes. Er ist nicht sehr groß und sehr schlank. Mir fiel für ihn die Bezeichnung Kind-Mann ein. »Muß ich vor Ihnen Angst haben?« fragte ich zurück. Er lachte und wirkte dabei noch jünger. Nachdem er uns einen Kaffee gemacht hatte, gingen wir in sein Arbeitszimmer. Es war groß und hell. Die Möbel waren schlicht und praktisch.*

*Das Gespräch mit ihm dauerte knapp zwei Stunden. Es war damit das kürzeste, das ich für dieses Buch geführt habe. Fast ohne zu stocken, leichthin, ruhig und konzentriert, sprach er über seine quälende Beziehung zu seiner Mutter, seine Homosexualität, seine erotischen Träume. Zum Schluß gab er mir einen Brief zu lesen, in dem seine Mutter ihm vorwirft, daß er auf der Welt ist. »Was soll ich dazu noch sagen?« fragte er. Ich wußte es auch nicht.*

Meine Mutter ist ein absoluter Charakter. Entweder es geht etwas hundertprozentig, oder sie muß es zerstören. Diese Extreme begleiten sie durch ihr ganzes Leben. Sie hat alles versucht, um mich kaputt zu machen.

Andererseits habe ich ganz stark gespürt, daß sie den Wunsch hatte, mit mir zu schlafen.

Sie hat mich früher oft gebeten, sie zu massieren. Ich habe das immer abgewehrt und ihr offen gesagt: »Ich massiere dich nur, damit du bald einschläfst und Ruhe gibst. Nicht weil du dich so gut anfühlst. Du fühlst dich grauenhaft an.«

Jeder Kuß war für mich eine Bestrafung. Meine Großmutter hat mir erzählt: »So schrecklich es klingt, so warst du schon als kleiner Junge. Sobald deine Mutter die Wohnung betrat, hast du angefangen zu schreien. Wenn sie dich genommen hat, warst du nicht mehr zu beruhigen.«

In meine Großmutter – die Mutter meiner Mutter – war ich dagegen richtig verliebt. Bei meiner Geburt war sie 41 Jahre, also noch eine junge Frau. Ich habe mich manchmal geweigert, ohne meine Großmutter etwas zu unternehmen. Auf den Dürkheimer Wurstmarkt zu gehen, hat mir zum Beispiel nur Spaß gemacht, wenn meine Großmutter mitkam.

Es gibt eine sehr spektakuläre Geschichte. Ich bin mit sechs Jahren wegen einer Blinddarmentzündung ins Krankenhaus gekommen. Dort fragte man mich, ob ich einen Wunsch habe. »Ja«, sagte ich, »meine Mutter soll mich nicht besuchen. Aber meine Großmutter soll im Krankenhaus wohnen. Und ich sage Ihnen gleich, wenn das mit meiner Großmutter nicht funktioniert, sterbe ich.« Die waren vollkommen verstört. Am nächsten Tag wurde aber ein zusätzliches Bett aufgestellt. Meine Großmutter hat dann vierzehn Tage mit mir im Krankenhaus verbracht. Meine Mutter wurde erst nach fünf Tagen zugelassen, als die Krise überstanden war.

Wenn ich ganz gelegentlich mit meiner Mutter über solche Ereignisse spreche, fängt sie an zu weinen und sagt: »Was du schilderst, ist mir als Mädchen mit der Großmama passiert. Die Geschichten, die du mit mir erlebt hast, habe ich auch in meiner Jugend erfahren.

Ist es nicht schrecklich, daß wir beide so etwas durchmachen mußten?« Und dann kommt der Aufschrei: »Wärst du doch nie geboren, dann hätte ich diese Fehler nicht machen können. Ich war kurz vor der Abtreibung. Warum habe ich das nicht durchgezogen? Dann wäre das alles nicht passiert.«

Ich kann mir vorstellen, daß meine Mutter in der Rolle als Großmutter wesentlich liebevoller wäre, als sie es mir gegenüber war. Aber auch wenn ich heterosexuell wäre, würde ich von einem Kind Abstand nehmen. Ich will den Teufelskreis von Selbsthaß und Haß nicht noch einmal aufgreifen.

Mit sechzehn Jahren habe ich meiner Mutter gesagt, daß ich homosexuell bin. Da ist sie mir um den Hals gefallen und hat gesagt: »Gottlob, dann wirst du ja in deinem ganzen Leben nicht glücklich werden.«

Das war ihr wichtig. Sie hat nie Bemerkungen über meine Veranlagung gemacht. Sie hat mich aber immer als Person in Frage gestellt. »Wärest du doch nie geboren worden«, beinhaltet ja alles.

Diese Frau ist voller Widersprüche. Vom Äußeren her ist sie eine sehr feminine, grazile Erscheinung. Aber sie macht nie einen hilflosen Eindruck. Ihre Partner waren nie Männer, die eine Frau beschützen wollen. Sie waren immer zehn bis fünfzehn Jahre jünger. Ihr jetziger Freund ist auch wieder zwölf Jahre jünger als sie.

Wenn ein Mann in den Gesichtskreis meiner Mutter tritt, hört sie ihn wie ein Indianer auf sechs Meilen Entfernung. Sie sagt zum Beispiel: »Jetzt fährt Hartmut, (ihr jetziger Freund) in Heidelberg weg.« Dann kann ich auf die Uhr schauen, und zwölf Minuten später ist Hartmut wirklich da. Meine Mutter ist da wie das Seismographische Institut in Uppsala. Ihre Fähigkeit, alles zu hören und alles zu sehen, hat für mich etwas unglaublich Beunruhigendes und Beängstigendes. Dahinter steckt natürlich auch eine ungeheure Kraft, die sie aber meistens negativ einsetzt.

Beruflich war meine Mutter immer sehr erfolgreich. Sie hatte sich in einem Konzern von der kaufmännischen Angestellten zur Abteilungsleiterin hochgearbeitet und sich gesagt: »Wegen meiner Ehe und wegen des Kindes gebe ich meine Berufstätigkeit nicht auf.«

Meine Eltern wohnten bei den Eltern meines Vaters. Ich bin bei den Eltern meiner Mutter aufgewachsen. Meine Mutter pendelte immer zwischen den beiden Familien hin und her, und überall verbreitete sie nur Schrecken. Beide Parteien haben immer gehofft: »Hoffentlich geht sie heute zu den anderen.« Manchmal hat sie auch gesagt: »Das ganze Familienleben geht mir furchtbar auf die Nerven«, und ist für zwei oder drei Tage zu Freundinnen gegangen.

Mein Vater hat mit vollkommener Rat- und Hilflosigkeit reagiert. Der Mann fiel von einem Magengeschwür ins andere. Die Frau war viel zu groß für ihn.

Als ich sechs Jahre alt war, wurde die Ehe auf den Wunsch meiner Mutter geschieden. Mein Vater ist damit nicht fertig geworden und hat gemeint: »Wir suchen uns eine Wohnung und versuchen noch einmal einen Neuanfang.« Meine Mutter ist zum Schein darauf eingegangen. Am 1. April sollten sie in die neue Wohnung einziehen. Am Abend vorher ist meine Mutter hingegangen und hat die ganzen Möbel aus der Wohnung in den Hof geworfen.

Mein Vater ist danach nach Amerika ausgewandert und dort ein ganz erfolgreicher Geschäftsmann geworden. Die Auseinandersetzung mit ihm hat mich nie gereizt. Der Mann ist ganz farblos und blaß. Unser Verhältnis besteht aus gegenseitigem Ignorieren.

Bei meinen Großeltern war es eine sehr schöne Familienkonstellation. Mein Großvater war Musiker, und meine Großmutter war die realistische Person. Ich fühlte mich bei ihnen aufgehoben und habe unheimlich viel Selbstbewußtsein entwickelt. Sobald ich jedoch den Schlüssel in der Tür hörte und wußte, meine Mutter kommt, war ich blockiert. Ich konnte kein Buch mehr lesen. Mir war alles verleidet. Mir wurde schlecht. Ich konnte nichts mehr essen. In mir war eine große Unruhe, denn ich wußte ja nie, was wieder passieren würde.

Einmal hatte ich mir eine große Mecki-Figur gewünscht. Die wurde an meinem Geburtstag hinter einer Gardine versteckt. Ein paar Tage darauf war meine Mutter aus einem für mich nicht ersichtlichen Grund auf mich erbost. Nachdem sie wußte, wie lieb mir der Mecki war, hat sie ihn genommen und ihm den Kopf abgerissen.

Oder sie hat mir einen Schallplattenspieler geschenkt, den man ans Radio anschließen konnte. Das war für mich eine ganz fantastische Geschichte. Den hat sie gegen die Wand geworfen.

Ich habe allerdings meine Abwehrmechanismen entwickelt. Einmal bekam ich ein Flugzeug. Auch wieder so ein hochgestochenes Spielzeug. Ich bin dann damit auf den Balkon gegangen und habe so lange daran rummanipuliert, bis es mir aus den Händen fiel, und ich zu meiner Mutter sagen konnte: »Ach, siehst du, Mutti, da unten liegt es jetzt.«

Solche Sachen haben manchmal Schläge nach sich gezogen. Ich bin jedoch immer stärker geworden und habe die Auseinandersetzung dann provoziert. Mein Hobby waren Sportreportagen. Ich konnte reden wie ein Wasserfall und bin bis zum Ende hin immer spannender geworden. Die Nachbarskinder waren fasziniert. Während der Olympischen Spiele wollte ich natürlich wieder Stoff für meine Reportagen bekommen. Wegen irgendeiner Sache hat mir meine Mutter jedoch Fernsehverbot gegeben und mich eingesperrt. Aus hilfloser Wut habe ich das ganze Zimmer ruiniert. Ich habe in ihre Schminktöpfe gelangt und so lange die Möbel und Tapeten beklatscht, daß später buchstäblich alles renoviert werden mußte.

Bei derartigen Gelegenheiten hat meine Mutter gemerkt: In diesem Kind erwächst mir ein echter Gegner. Der hat meine Qualitäten. Da muß ich mich hüten.

Schließlich habe ich mich durch einen unglaublichen Willensakt von dieser Frau losgesagt. Ich war bis zu meinem neunten Lebensjahr eine Art Kinderstar und habe auf Modenschauen Kindermode vorgeführt. Mit zehn Jahren bekam ich eine Lebervergiftung. Das war mit einem furchtbaren Ekel vor Speisen verbunden. Ich mochte nichts mehr essen und wog nur noch dreißig Pfund. Von Jahr zu Jahr mußte überprüft werden, ob ich überhaupt noch schulfähig bin.

Meine Mutter hat dann gesagt: »Du bist so ein häßliches Kind und mußt eine tolle Karriere machen, weil du dir Liebe immer erkaufen mußt.« Mit dreizehn Jahren hatte ich eine Zahnregulierung. Da hat sie auch wieder gesagt: »Wie du aussiehst. Das ist ja schrecklich. Wenn Besuch kommt, geh' bitte nicht aus deinem Zimmer. Du machst mir nur Schande.« Ich habe mich dann vor einen Spiegel gesetzt und mir gesagt: »Jetzt ist der Punkt erreicht, an dem ich von dieser Frau nichts mehr annehme. Ich bin doch auch jemand, und ich bin doch auch liebenswert.« Ich habe danach nichts mehr von ihr akzeptiert. Das war mein Selbstschutz. Ich hätte sonst nicht weiterleben können.

Meine Mutter hat natürlich versucht, meine Unabhängigkeit zu verhindern. Sie hat gesagt: »Bis zu deiner Volljährigkeit bist du für mich ein reiner Befehlsempfänger, wie alle Männer es für mich sind. Du kannst ja versuchen, gegen mich anzugehen, wenn du die Kraft hast.«

Zur entscheidenden Machtprobe zwischen uns kam es, nachdem ich Abitur gemacht hatte. Meine Mutter hatte mir zum Abitur den Führerschein bezahlt, ihn mir dann aber weggenommen und gemeint: »Den bekommst du nicht. Du bist nicht reif genug, ein Auto zu fahren.« Da habe ich gesagt: »Gut, dann gehe ich morgen zum Ordnungsamt und lasse mir einen zweiten Führerschein ausstellen. Du hast keine Macht mehr über mich.«

Daraufhin hat sie einen Anfall vorgetäuscht und ist in der Diele gestürzt. Das hat mich nicht mehr beeindruckt. Ich habe gesagt: »Du hältst mich nicht mehr auf«, und bin über sie hinweggestiegen.

Danach hatten wir noch einmal wegen des Unterhalts eine Aussprache. Ich hatte angefangen, Germanistik und Philosophie zu studieren. Meine Mutter: »Entweder du studierst Medizin, dann bezahl ich dir das Studium; wenn du aber diese schöngeistigen Fächer nimmst, bekommst du von mir keinen Pfennig.«

Daraufhin hat das Studentenwerk in meinem Namen eine Klage gegen meine Mutter eingereicht. Während der Verhandlung ist sie im Gerichtssaal wieder spektakulär zusammengebrochen und mußte in eine Klinik gebracht werden.

Sie war damals vollkommen erledigt. In der Firma hatte sie eine sehr exponierte Stellung gehabt. Weil sie oft wegen psychosomatischer Erkrankungen wie Gürtelrose und Zwölffingerdarmgeschwür fehlte, hatte man ihr einen Mann vorgeschaltet. Das hat sie überhaupt nicht verkraftet. Sie hat nie anerkannt, daß Männer sie dominieren. Das geht wie ein roter Faden durch ihr Leben.

Meine Mutter war vier Jahre in der Klinik und hat immer wieder versucht, Kontakt mit mir aufzunehmen. Zum Beispiel hat sie meinen Doktorvater in Aachen angerufen und ihm gesagt: »Wie können Sie jemanden beschäftigen, der ein Auto fährt. Viele Studenten haben es doch nötiger.«

Sie hat auch immer wieder Ärzte eingespannt, die die Verbindung zu mir aufnehmen sollten. Ich habe das abgelehnt und den Ärzten gesagt: »Meine Mutter ist krank. Das muß man als gegeben hinnehmen. Aber ich bin gesund.«

Ich weiß nicht, was mit meiner Mutter während dieser vier Jahre passiert ist. Ich habe sie nie gesehen. Oft bin ich einfach auf Tauchstation gegangen. Ich habe bei Freunden gewohnt. Ein halbes Jahr habe ich in Paris gelebt, und ein halbes Jahr habe ich in Amsterdam für den ›Deutschen Hilfsverein‹ gearbeitet. Mein Beruf war für mich während dieser Zeit das Wesentliche. Ich hatte ziemlich früh als akademischer Tutor gearbeitet und vorgehabt, eine wissenschaftliche Laufbahn einzuschlagen. Das hat jedoch nicht geklappt. Eine Weile war ich dann Redakteur bei einem wissenschaftlichen Verlag. Dort fühlte ich mich aber so wenig gefordert, daß ich mir gesagt habe: »Das kann es nicht gewesen sein.« Um zu sehen, ob ich als Lehrer tauge, habe ich ein Referendariat gemacht. Und siehe da, es war gut. Ich unterrichte heute die Fächer Deutsch, Ethik, Englisch, Geschichte und Politik in der Oberstufe eines Gymnasiums, das bis vor zehn Jahren eine reine Mädchenschule war. Mein Verhältnis zu meinen Schülern kann ich als ausgesprochen gut bezeichnen.

Während meines Studiums in Aachen habe ich mich auch von den Großeltern abgenabelt. Meine Großmutter hat immer wieder angerufen und gefragt: »Wann kommst du endlich einmal wieder? Ich bezahl dir auch das Benzin und koch' dir deine Lieblingsgerichte. Komm bald. Ich fühle mich so allein.« Meine Großmutter war mir nach wie vor sehr lieb. Aber ich habe ihre Anrufe auch als Repression empfunden und deshalb gesagt: »Ich habe jetzt eine bestimmte Alters- und Entwicklungsstufe erreicht und komme nicht mehr so ohne weiteres. Wenn ich das Bedürfnis habe, dich zu sehen, lasse ich von mir hören.«

Es ist mir sehr schwergefallen, das zu sagen. Durch die Auseinandersetzung mit meiner Mutter hatte ich jedoch eine gewisse Härte und Lebenstüchtigkeit erworben. Starke Frauen meinen heute oft, sie müßten mich bemuttern. Das passiert mir auch bei Lehrerkolleginnen. Ich setze dann immer ganz klare Grenzen. Wenn ich auch aussehe wie ein Softi – ein fatales Wort –, ich bin es nicht. Ich falle nicht bei jedem Angriff um.

Meine Kraft zeigt sich unter anderem darin, daß ich auf Menschen zugehen und ganz offen sein kann. Ich kenne keine Hemmungen und brauche nicht wie viele Menschen Alkohol, um über meine Wünsche sprechen zu können. Darin erkenne ich natürlich auch die Absolutheit meiner Mutter wieder. Ich bin ganz direkt, was meine Umgebung häufig erschreckt. Ich denke, daß Männer nach wie vor ein bestimmtes Bild von sich wahren wollen. Wenn ich sage: »Ich habe nichts gegen passiven Analverkehr«, dann zucken sie erst einmal zurück. Obwohl sie die gleichen Wünsche haben. Aber sie können sie nicht aussprechen.

Meine Unbefangenheit gegenüber Sexualität hängt damit zusammen, daß es in diesen Dingen bei uns zu Hause absolut keine Tabus gab. Sexuelle Aufklärung war für meine Mutter überhaupt kein Problem.

Als ich zehn Jahre alt wurde, hatten wir großen Kindergeburtstag. Weil mich das nicht interessierte, bin ich in die Küche gegangen. Dort habe ich mich auf die Couch gelegt und habe onaniert. Als meine Mutter dazukam, hat sie gemeint: »Der Kuchen steht auf dem Tisch. Kaffee ist gekocht. Muß das denn jetzt sein. Das kannst du doch auch noch später machen, wenn die Kinder weg sind.«

Ich habe meiner Mutter auch einige meiner Fantasien erzählt. Sie meinte: »Ich kenne diese Fantasien zwar nicht. Aber wenn du sie hast, warum nicht? Schaden können sie dir nicht.« Sie hat das dann einem Internisten weitergegeben, der mich untersuchen sollte. Danach hat sie gesagt: »Der Arzt meint, deine Sexualorgane seien sehr gut entwickelt. Ansonsten bist du ja nicht der Mann, den man sich vorstellt. Aber da bin ich eigentlich ganz stolz auf dich.«

Meine Mutter muß sehr früh geahnt haben, daß ich

homosexuell bin. Vielleicht war meine homosexuelle Veranlagung für sie auch eine Beruhigung, weil sie dachte: »Auf diese Weise bleibt er mir erhalten.«

Ich habe eigentlich immer nach einem Vater gesucht. Wenn meine Mutter mich als Kind gestraft hat, habe ich immer gedacht: »Wenn mir das jetzt mein Vater oder ein Mann antun würde, könnte ich die Strafe akzeptieren.« Ich habe mich da richtig reingesteigert.

Im Alter von zwölf Jahren habe ich während eines Urlaubs mit meinen Großeltern im Schwarzwald einen alleinstehenden Herrn kennengelernt. Meine Überlegungen waren: »Wenn ich den mit meiner Mutter zusammenbringen könnte, hätte ich einen Vater.« Daraus wurde nichts.

Zu Hause habe ich den Mann wiedergetroffen, und wir hatten dann ein halbes Jahr lang regelmäßig sexuellen Kontakt. Ab der Zeit bin ich immer von Männern angesprochen und mitgenommen worden. Mit sechzehn Jahren war ich in den ersten Homosexuellenlokalen. Meine Partner müssen einen ganz starken Kontrapunkt zu mir bilden, also die geballte Männlichkeit von Boxern oder Bodybuildern haben. Ich suche nichts Vergeistigtes. Mit einem Intellektuellen zusammensein ist für mich nicht möglich. Momentan bin ich mit einem Mediziner befreundet. Er ist ein sehr praktischer Mensch, für den Motorradfahren das Wichtigste ist, der nur die Fachpresse liest und Tennessee Williams für ein amerikanisches Getränk hält.

Meine ganzen schöngeistigen Ambitionen lebe ich fast ausschließlich mit Frauen aus. Auf Frauen kann ich noch ungezwungener zugehen als auf Männer. Frauen sagen deshalb auch häufig: »Ist das schade, daß ausgerechnet du homosexuell sein mußt.«

Schüler waren für mich immer ein absolutes Tabu. Nach dem Referendariat habe ich ein Jahr an einer Privatschule unterrichtet. Da kam es natürlich vor, daß Schüler nachmittags einfach vorbeigeschaut und gesagt haben: »Sie sind ein so umgänglicher und kommunikativer Mensch. Dürfen wir uns mit Ihnen unterhalten?« Da habe ich gewisse Ängste entwickelt und gedacht: »Jetzt wird es gefährlich.« Ich habe deshalb meist erklärt: »Ihr müßt einsehen, daß ich noch eine Privatsphäre haben muß, und könnt nicht einfach vor der Tür stehen und klingeln.«

In den Zeiten von Aids ist natürlich nur Safer Sex möglich. Ich war da jedoch immer sehr umsichtig. Auf eine Geschichte im Park oder in einem dunklen Raum mit einem Partner, den ich erst zwei Stunden kenne, habe ich mich nie eingelassen. Meine letzte Beziehung hat viereinhalb Jahre gedauert. Wir haben uns vielleicht zweimal die Woche gesehen. Mit jemandem zusammenwohnen, ist für mich schwer vorstellbar. Ich baue immer von Anfang an Sicherheitsbarrieren ein, die eine absolute Nähe verhindern.

Natürlich hat das etwas mit den Erfahrungen zu tun, die ich mit meiner Mutter gemacht habe. Ich habe das Zusammensein mit ihr in einer so negativen Form erlebt, daß ich mir sage: »Du darfst dich nicht ausliefern, damit dir nicht noch einmal widerfährt, was dir mit deiner Mutter geschehen ist.«

Ich habe nicht den Eindruck, daß mir etwas fehlt, weil ich allein lebe. Im Herbst, vor allem im Oktober und November, holt mich jedoch die Sehnsucht nach dem Urvertrauen ein. Dann wünsche ich mir, daß einmal jemand die Verantwortung für mich übernimmt. Ich habe dann das Gefühl, ich habe die Sonne, die Wärme verloren. Ich bin dann der gleichen Hilflosigkeit ausgesetzt wie als Kind, als meine Mutter sagte: »Du bist so häßlich.«

Ich verliere während dieser Zeit jene Sicherheit, die meine Umwelt normalerweise von mir kennt. Die Sehnsucht nach absoluter Hingabe und zugleich die Angst davor, erzeugen in mir übermächtige Fantasien, die mich in Unannehmlichkeiten bringen können. Im

Oktober 1986 gab es hintereinander drei solche Vorfälle. Ich hatte eine Reifenpanne. Der ADAC-Mann, der kam, war genau der Typ, den ich mir immer gewünscht hatte. Ich bin auf ihn zugegangen und habe ein bißchen biblisch-literarisch gesagt: »Sie sind es, der da kommen sollte.« Der Mann war so erschrocken, daß er in sein Auto geflüchtet ist und es von innen verriegelt hat.

Eine Woche später hat für mich ein Bauarbeiter den Typus Mann verkörpert, der mich schon immer gereizt hat, weil bei ihm alles unkompliziert ist. Ich bin dann in die Baustelle reingefahren. Nachdem noch eine dritte Sache passiert ist, habe ich mit meinem ältesten Schulfreund geredet. Er ist Neurologe und Psychoanalytiker und hat gemeint: »So solltest du nicht weitermachen. Sonst wirst du eines Tages noch Rocker und Skinheads attraktiv finden und in echte Schwierigkeiten kommen. Du solltest mal eine Sofortaktion starten.«

Ich habe mich daraufhin krank gemeldet und bin für eine Woche nach Bad Herrenalb in eine Klinik gefahren. Dort habe ich einen wunderbaren Therapeuten getroffen, der mir auf den Kopf zusagte: »Das ganze Problem deines Lebens ist, daß du so sehr verletzt worden bist.« Bei diesem Mann hätte ich Lust gehabt, eine Therapie zu machen. Wegen der Entfernung war es jedoch nicht möglich.

Die Beziehung zu meiner Mutter ist bis heute eine ganz ambivalente Geschichte geblieben. Meine Mutter hat nach vier Jahren Klinik wieder voll den beruflichen Anschluß geschafft. Sie schmeißt in einer Baufirma den ganzen Laden und ist unentbehrlich und unabkömmlich. Ihr Machtanspruch ist nach wie vor derselbe. Er erstreckt sich nicht nur auf mich. Es rufen Mitarbeiter von ihr bei mir an und sagen: »Diese Frau macht uns das Leben zur Hölle. Wie überstehen Sie das eigentlich?«

Die Waffe, mit der meine Mutter und ich gegeneinander kämpfen, ist Kälte. Sie ruft mich zum Beispiel an und sagt: »Du wirst sicherlich sehr bald krank werden.« Daraufhin ich: »Du bist die Ältere. Es bleibt noch abzuwarten, wer zuerst auf der Strecke bleibt.«

Diese Gespräche bringen mich immer wieder aus dem Gleichgewicht. Ich sage mir: »Du mußt von dieser Frau wegbleiben. Sie verdirbt dir dein Leben.« Wenn sie dann aber an einem anderen Tag anruft und sagt: »Hilf mir doch. Ich habe doch niemanden außer dir«, dann bin ich ganz aufgewühlt und denke: »Was für ein armer Mensch.«

Das ist nicht nur Mitleid. In mir – und wahrscheinlich auch in meiner Mutter – ist immer noch eine aberwitzige Hoffnung, daß wir doch noch einmal zueinander finden. Obwohl wir natürlich rational wissen, daß es uns nicht gelingen wird.

Im Grunde wünsche ich mir nichts sehnlicher, als daß meine Mutter stirbt. Ich weiß jedoch, daß ich mit ihrem Tod die Sache nicht bewältigt haben werde. Ich müßte zu einem Punkt kommen, wo sie einfach für mich gestorben ist. Ob sie nun lebt oder nicht.

Meine Mutter hat mir einmal Doppelselbstmord vorgeschlagen. Ich habe es abgelehnt.

## Sie war der ruhende Pol der Familie

*Georg Werner, 65, Lektor*

*Georg Werner war mir in vielen Jahren ein guter Freund geworden. Es ist schwer, einen Menschen, den man so gut kennt, mit ein paar Worten zu beschreiben. Das erste, was mir zu ihm einfällt: Er wirkt ungeheuer stark und unabhängig. Er ist der Fels in der Brandung, wenn die Wellen der Angst und Mutlosigkeit einmal hoch schlagen.*

*Er genießt das Leben und hat eine unfehlbare Antenne für Frauen, die seiner Hilfe bedürfen. Während er über Männer nicht selten spöttische oder spitze Bemerkungen macht, habe ich ihn noch nie schlecht über eine Frau sprechen hören. Sie mag in den Augen anderer Menschen noch so rücksichtslos, egoistisch, unfreundlich oder unhöflich sein, Georg Werner findet immer eine Entschuldigung oder eine Erklärung für ihr Handeln.*

*Warum das so ist, habe ich eigentlich erst nach unserem Gespräch über seine Mutter begriffen.*

Je älter ich wurde, desto intensiver erinnere ich mich an Einzelheiten aus meiner Kindheit. Zu meiner Verwunderung stelle ich fest, daß viele Erinnerungen sich mit meiner Mutter beschäftigen. Es heißt ja, je länger die Zeit zurückliege, desto deutlicher erinnere sich der Mensch der schönen und angenehmen Erlebnisse, während die schlimmen nach und nach in Vergessenheit gerieten.

Das mag so sein – im Falle meiner Mutter habe ich fast nur gute Erinnerungen. Heute weiß ich, daß ich damals vieles wie selbstverständlich genommen habe, was mir heute als besonders liebenswerter oder zumindest bemerkenswerter Zug im Charakter und im Verhalten meiner Mutter erscheint.

Ich möchte ein Beispiel nennen, dessen ich mich mein ganzes Leben hindurch erinnerte und das mich – ohne daß ich besonders darauf geachtet hätte – in meiner Entwicklung mitgeprägt hat. Im Schlafzimmer meiner Eltern befand sich ein Nachtschränkchen, dessen Schublade immer verschlossen zu sein schien. Jedenfalls stand sie nie offen, wenn ich anwesend war.

Das machte mich, einen Jungen von fünf Jahren, natürlich neugierig. Eines Tages sah ich den Schlüssel zu diesem Schränkchen auf dem Küchentisch liegen. Meine Mutter war zum Einkaufen gegangen. Ich öffnete das Schränkchen und untersuchte seinen Inhalt: Ein paar intime Hygieneartikel für sie und für ihn. Ich nahm sie in die Hand, ohne mir etwas darunter vorstellen zu können. Also tat ich sie in die Schublade zurück, schloß das Schränkchen zu und legte den Schlüssel wieder auf den Küchentisch.

Am nächsten Tag, mein Vater war schon aus dem Haus gegangen, fragte mich meine Mutter, ob ich an dem Nachtschränkchen gewesen sei. »Nein«, sagte ich.

»Meinst du nicht doch, du könntest es geöffnet haben?« fragte meine Mutter noch einmal. Wieder schüttelte ich den Kopf und sagte: »Nein!«

»Na, dann habe ich mich wohl getäuscht«, meinte meine Mutter, »entschuldige bitte.«

Ich zog mit rotem Kopf ab, überzeugt davon, daß meine Mutter die Wahrheit wußte. Als kluge Frau, die auch über eine gehörige Portion Menschenkenntnis verfügte, wußte sie, daß ihre Entschuldigung mir zu schaffen machen würde.

So war es denn auch. Ich schämte mich, aber ich hatte niemanden, dem ich von meiner Lüge und meiner Scham erzählen konnte. Damals wurde mir klar, wie groß die eigene Belastung durch Lügen sein kann. Ich bin überzeugt davon, daß meine Mutter schon während ihrer Entschuldigung wußte, ich würde später zu ihr kommen und die Wahrheit gestehen, was schließlich auch der Fall war. Sie hat mich und meinen etwas älteren Bruder nie mit erhobenem Zeigefinger erzogen, sondern immer so, daß wir uns nicht gedemütigt zu fühlen brauchten.

Meine Mutter liebte Kinder mit einer Selbstverständlichkeit, die heute, wenn ich mich nicht täusche, seltener geworden ist. Wir wuchsen in relativer Armut auf. Mein Vater war oft arbeitslos. Nicht, daß er nicht arbeiten wollte. Aber es waren schwere Zeiten, zudem war er politisch verfolgt und als Mensch schwierig, weil er eine sehr schwere Kindheit hatte. Seine Mutter brachte 21 Kinder zur Welt, von denen allerdings nur zehn das erste Lebensjahr überstanden. So etwas prägt.

Unter diesen Umständen war meine Mutter der ruhende Pol der Familie. Sie hatte sich Kinder gewünscht. Trotz offensichtlicher materieller Not hat sie beim kärglichen Einkauf von Lebensmitteln für meinen Bruder und mich immer noch ein paar Pfennig übrig behalten, um uns Bruchschokolade zu kaufen. Sie schickte mich mit fünf Jahren in einen Turn- und mit sechs Jahren in einen Schwimmverein. Vorher hatte sie selbst Schwimmen gelernt, um es meinem Bruder und mir beibringen zu können. Die Vereinsbeiträge steuerte übrigens mein Onkel bei, dem es für damalige Verhältnisse recht gut ging.

Kindergarten, Schule, später ein Kursus für Jiu-Jitsu-Selbstverteidigung, Wandern und Zelten in Jugendgruppen, weite Fahrten mit dem Fahrrad: Um alles kümmerte sich meine Mutter. Oder sie billigte meine Initiativen mit einer ruhigen Selbstverständlichkeit, die mich heute mehr in Erstaunen versetzt als damals. Ich weiß, daß ich einen großen Teil meiner Freude am Leben, meiner Gesundheit und meines grundsätzlichen Optimismus meiner Mutter verdanke.

Doch ich verdanke ihr noch mehr: Sie hat viel gelesen, und ihre Geschwister berichteten, daß meine Mutter als Schulmädchen kilometerweit zu Fuß zur Schule gehen mußte und dabei ununterbrochen in Büchern und Heften las. Sie las unter anderem Karl May, der übrigens nicht nur die heute noch bekannten Abenteuer-, sondern auch nicht weniger spannende Liebes- und Heimatromane geschrieben hat.

Von meiner Mutter habe ich meine Leidenschaft für Bücher und auch für Kunst mitbekommen, obwohl sie, die selbst zwar gut stricken und nähen konnte, doch keine Beziehung zur Kunst im engeren Sinne des Wortes hatte.

Als sie erkannte, daß ich mich für Oper und schöne Stimmen interessierte, beschaffte sie mir Stehplatzkarten für das Opernhaus. Wenn wir uns aus finanziellen Gründen auch kein Radiogerät kaufen konnten, so stand auf meinem Geburtstagstisch doch eines Tages ein Detektor-Empfänger, mit dem man den nächstgelegenen Sender über Kopfhörer empfangen konnte. Mit sicherem Gespür erkannte meine Mutter Entwicklungen ihrer Kinder, förderte sie – oder versuchte, sie uns auf ihre Art auszutreiben, wenn sie negativer Natur waren.

Ich weiß heute, daß es ihr nicht leichtgefallen sein konnte, immer Ruhe zu bewahren. Sie hatte ein Rechts- und Ehrgefühl, das sie oft veranlaßte, den Mund aufzumachen, wenn sie etwas für falsch hielt. Normalerweise fragte sie dann den Kontrahenten, ob er vielleicht eine Tasse Kaffee mit ihr trinken wolle. Während sie den Kaffee kochte, sprach sie mit ihm über alles Mögliche, nur nicht über den Streitpunkt. Dann setzte sie sich zu ihm und sagte »Was halten Sie denn eigentlich von der Sache...«, und dann sagte sie ihre Meinung. In den meisten Fällen gelang es ihr, den Kontrahenten zu überzeugen oder wenigstens zum Nachdenken zu bringen.

Ich habe meine Mutter nur einmal wirklich außer sich erlebt. Damals waren mein Bruder und ich noch sehr klein. Irgend etwas muß bei ihr sehr schiefgelaufen sein. Jedenfalls benahmen wir uns in einer Art und Weise, die sie zusätzlich aufbrachte. Ich weiß nicht mehr, was es war, aber es muß der berühmte Tropfen gewesen sein, der das Faß zum Überlaufen bringt.

Einen Augenblick stand meine Mutter starr und stumm, dann riß sie plötzlich die Vorhänge vom schrägen Dachfenster der Küche, zerfetzte sie und warf sie unter lautem Geschrei auf den Boden. Mein Bruder und ich klammerten uns an ihren Rock, drückten die Gesichter in ihren Schoß und riefen nur noch: »Mama, Mama, sei doch wieder lieb.« Allmählich beruhigte sie sich, drückte uns fest an sich und weinte dann hemmungslos, wobei sie uns nicht losließ.

Wir haben das nie vergessen. Es war für uns, als stürze die Welt ein. Wie sehr wir erschüttert waren, mag man daran erkennen, daß ich es bis auf den heutigen Tag nicht vergessen habe, und daß es mich heute noch ergreift, wenn ich daran denke. Es muß der Ausbruch eines Menschen gewesen sein, der zumindest in diesem Augenblick nicht mehr wußte, wie es weitergehen sollte.

Die besagte Tasse Kaffee wurde übrigens in Verwandtschaft, Bekanntschaft und darüber hinaus in der ganzen Straße, in der wir wohnten, zu einem festen Begriff. Ebenso wie Mutters Gemüsesuppe, für die sie geradezu berühmt war.

Kaffee und Gemüsesuppe mit Würstchen: Das läßt erkennen, daß wir in einem späteren Stadium nicht mehr in offensichtlicher Armut lebten. Auch den höheren Lebensstandard verdankten wir in erster Linie unserer Mutter.

Ich erwähnte bereits ihre Fertigkeit beim Herstellen von Strickkleidung. Das muß sich herumgesprochen haben. Eines Tages erschien ein Mann bei uns und fragte meine Mutter, ob sie unter seiner finanziellen Beteiligung nicht einen Woll-Laden eröffnen möchte.

Er hatte das Geld und sie die Fachkunde. Meine Mutter, couragiert wie immer, griff zu, und von da an ging es uns besser. Der Geschäftsmann hatte eine Zusammenarbeit mit meiner Mutter nicht zu bereuen. Die Firma ging erst ein, als der Laden kurz vor Ende des Zweiten Weltkrieges ausgebombt wurde.

Selbstverständlich hatte damals auch mein Vater zum Lebensunterhalt beigetragen. Und wenn er wieder einmal arbeitslos war, nahm er meiner Mutter die Hausarbeit ab. Er hatte künstlerische Neigungen, spielte einige Instrumente, wenn auch laienhaft, und bastelte für uns Kinder zu Weihnachten eine drei mal zwei Meter große Landschaft mit elektrischer Eisenbahn und allem Drum und Dran. Ein Kaufhaus wollte sie als Weihnachtsdekoration übernehmen, aber er hat sie nicht hergegeben. Das werde ich ihm nie vergessen. Die Freude seiner Kinder war ihm wichtiger als ein Nebenverdienst.

Meine Mutter verstand es geschickt, mich zur rechten Zeit abzunabeln. Ihre Liebe hinderte sie nicht daran, uns zu selbständigen Menschen zu erziehen. Aufmerksam, sich aber nie einmischend oder höchstens in ganz vorsichtiger Weise, beobachtete sie meine ersten Lieben und jene Tricks, die ein Heranwachsender anwendet, um Kontakt zu Mädchen aufzunehmen.

Einmal wurde sie allerdings fuchsteufelswild und ließ es mich auch merken. Als ich nämlich die Bekanntschaft einer verheirateten Frau mit einem Kind machte. Damals wollte ich trotzig reagieren nach dem Motto: »Jetzt erst recht!«, aber meine Bekannte zog sich von sich aus zurück. Heute weiß ich, daß meine Mutter recht hatte.

Während des Krieges reiste sie ihren Soldaten-Söhnen nach, wo immer es möglich war, zum Beispiel meinem Bruder nach Ostpreußen und mir an die Westfront.

In einem Pfalzstädtchen überraschte sie ein schwerer Angriff von Jagdbombern. Ich konnte sie gerade noch in den Keller eines Hauses bringen, als schon die Bomben fielen und die Maschinengewehre knatterten. Der Angriff galt dem Bahnhof, auf dem ich mich mit der Einheit befand, bei der ich Dienst tat. Nach dem Angriff – ringsherum lagen tote Menschen, Häuser waren zertrümmert – rannte ich zu dem Haus, in dem ich meine Mutter untergebracht hatte. Es war zu zwei Dritteln zerstört. Zusammen mit anderen Menschen räumten wir Schutt weg und legten die Tür zum Keller frei. Meine Mutter kam als erste heraus. Sie war unversehrt. Als sie aber die Toten auf den Straßen und Bahngleisen liegen sah, verlor sie die Fassung. Der ganze Angriff, die halbe Stunde direkter Lebensgefahr im schlecht geschützten Keller, hatten sie nicht so erschüttert, wie der Anblick der vorwiegend jungen Menschen, die tot und mit verrenkten Gliedern am Boden lagen. In diesem Augenblick brach ihre ganze Empörung, ja ihr Haß gegen eine Staatsmacht aus ihr heraus, die junge Menschen verheizte und Kinder in den Krieg schickte.

Meine Mutter hat die damalige Regierung immer verachtet, aber sie war – bis auf gelegentliche Andeutungen – still geblieben. Sie war einmal von einem Arbeitgeber, in dessen Fabrik sie gegen Ende des Krieges dienstverpflichtet wurde, denunziert worden. Ich weiß noch, wie sie damals immer in sich zusammenzufallen schien, nicht aus Angst vor ihrer eigenen Zukunft, sondern aus Angst um ihre Familie.

Es war der, wenn auch etwas arroganten, Menschenkenntnis eines Blockleiters zu verdanken, daß sie nicht ins Gefängnis kam. Er hatte erkannt, daß hier nicht ein ›Volksschädling‹ am Werk war, sondern eine Mutter, die einen ihrer Söhne verloren hatte. Mein Bruder war kurz zuvor gefallen. Wahrscheinlich hat auch dieser Umstand dazu beigetragen, daß sie nicht weiter verfolgt wurde, obwohl mein Vater als alter Gewerkschafter auf der Querulantenliste stand.

Ich könnte noch viele solcher Erlebnisse erzählen. Aber schließlich will ich nicht meine ganze Familiengeschichte ausbreiten. So interessant ist sie auch wieder nicht, eher typisch für ein ganz normales Schicksal unseres Jahrhunderts. Wenn ich von alldem berichte, dann um darzustellen, wie eine Mutter – mehr als der Vater – das künftige Leben der Kinder beeinflussen kann. Meine Mutter hat mir jedenfalls viel mit auf den Lebensweg gegeben.

Eine dieser Erkenntnisse, die ich meiner Mutter verdanke: Geld ist sicher wichtig, aber es ist nicht das Wichtigste im Leben. Natürlich ist das eine Binsenweisheit, hunderttausendmal vorgesagt. Aber für mich blieb diese Erkenntnis nicht Theorie, sondern ist im Alltag der Familie erwachsen und besonders aus dem Verhalten und der Lebenseinstellung meiner Mutter. Wenn ich schon am Erzählen bin – übrigens das erste Mal in meinem Leben in solcher Ausführlichkeit –, dann sei mir erlaubt, einige Gedanken anzufügen, die mir im Laufe der Jahre über die Rolle der Mutter in unserer Gesellschaft gekommen sind.

Ich liebe junge Menschen, am meisten fröhliche junge Mädchen, wenn sie in ihrer Unbekümmertheit durchs Leben gehen. Aber ich verstehe auch ihre Probleme, die anders sind als bei Menschen meiner Generation. Die Welt dreht sich weiter, und nichts kann so bleiben, wie es ist und wie es war. Das ist ganz natürlich.

Trotzdem finde ich es schade, daß das uralte Ideal der Mütterlichkeit und der Fraulichkeit im besten Sinne des Wortes offensichtlich an Anziehungskraft und Substanz verloren hat. Gleichberechtigung der Geschlechter ist für mich eine Selbstverständlichkeit. Meine Frau und ich praktizieren sie jeden Tag. Paschas sind mir zuwider, Männergesellschaften übrigens auch. Wann immer es möglich ist, meide ich sie, was mir manchen Tadel und Spott eingetragen hat. Das stört mich nicht, doch ich frage mich, ob meine Zuneigung zu Frauen indirekt auf die Erziehung durch meine Mutter zurückzuführen ist.

Gerade weil ich so sensibilisiert bin für die Eigenschaften von Frauen, bemerke ich eine Tendenz, die am besten so zu umschreiben ist: Viele Frauen wollen heute wie die Männer sein. Ich halte das für eine Fehleinstellung dem Leben gegenüber, unter der die Frauen früher oder später am meisten zu leiden haben werden.

Es mag sich altmodisch anhören, aber ich sage es dennoch: Können und wollen viele junge Frauen heute überhaupt noch Mütter im Sinne von selbstbewußter Mütterlichkeit sein? Wissen sie eigentlich, was eine richtige Mutter für die Familie bedeutet? Ist es wirklich entwürdigend, Mittelpunkt und Liebende in einer Familie zu sein? Ist es etwa ehrenvoller oder wenigstens reizvoller, in einer Fabrik, in einem Büro, einer Agentur oder sonstwo Ehrgeiz zu entwickeln und sich abzurackern – und ohne Abrackern kommt keiner und keine an jenen Punkt, den man ›oben‹ nennt.

Ich habe viele Frauen erlebt, die als Mädchen oder junge Frauen neben ihrer Intelligenz auch über Charme und weibliche Reize verfügten und die sich im täglichen Konkurrenzkampf nach und nach zu hartgesichtigen, spitzzüngigen und rücksichtslosen Karrieretypen entwickelten und dabei todunglücklich waren. Wenn die Frauen – übertrieben gesagt – erst einmal wie die Männer werden, sieht es nach meiner Meinung schlimm aus um die Zukunft unserer Gesellschaft.

Vielleicht sind das dumme Gedanken eines älteren Menschen. Wer will, kann von mir aus darüber lachen. Aber wenn ich zu wählen hätte zwischen einer warmherzigen Mutter mit wenig Geld und einer Karrierefrau mit viel Geld als Mutter, würde ich die erste Möglichkeit wählen. Ich bin davon überzeugt, daß auch heute die meisten Kinder so entscheiden würden. Ohne Frauen, die bewußt Frauen sind, ist die Welt ohne Zauber und ohne Güte.

## Richtige Position – richtige Frau

*Klaus-Jürgen Kolakowski, 45, Diplomingenieur*

*Es gibt keinen verläßlicheren Freund als ihn. Wenn das Auto kaputt ist, die Lichtleitung beschädigt, der Plattenspieler defekt: Klaus-Jürgen ist zur Stelle. Für seine Freunde ist ihm kein Weg zu weit, keine Anstrengung zu groß. Da bastelt er so lange herum, bis das Auto wieder fährt, das Licht leuchtet, der Plattenspieler läuft. Und oft ist es dann besser als zuvor, denn für halbe Sachen ist Klaus-Jürgen nicht zu haben.*

*Wehe aber, es kommt jemand auf die Idee, sein Herz vor ihm auszuschütten. Dann strafft sich sein Körper noch mehr, dann wird sein Gesicht noch kantiger. Dann rettet er sich schnell ins Unverbindliche. Gefühlsangelegenheiten sind nicht seine Sache.*

*Da er sich nun aber schließlich doch mit mir auf dieses Gespräch eingelassen hat, bei dem es immer wieder um Gefühle ging, gilt ihm mein besonderer Dank.*

Meine Mutter hatte einen Spruch drauf, der hieß: »Kuddel, aus dir ward nie wat.« Auf Hochdeutsch: »Klaus, aus dir wird nie etwas.« Diese Redensart war für mich ein ungeheurer Antrieb. Ich habe mir gedacht: »Dir zeige ich es. Ich bringe es soweit, daß ich mir von einem Monatsgehalt ein Auto kaufen kann.« Später bin ich dann konkreter geworden: »Ich bringe es soweit, daß ich mir von einem Monatsgehalt einen Wagen der gehobenen Preisklasse kaufen kann.«

Mir kam dabei zugute, daß ich den eisernen Willen und die Zähigkeit meiner Mutter geerbt habe. Sie war zwar nur 1,55 Meter groß, hatte aber enorme Energien. Mir ist nie wieder eine Frau begegnet, die so die totale Durchsetzung betrieben hat wie meine Mutter.

Wenn ein Mensch so stark vom Willen her gesteuert ist, muß das Gefühlsleben Schiffbruch erleiden. Das war bei meiner Mutter so, und das stelle ich auch bei mir fest.

Die älteste Erinnerung an meine Mutter habe ich an eine Bombennacht in Hamburg. Es muß im Frühjahr oder Herbst gewesen sein, denn es war kalt und die Bäume waren kahl. Sirenen heulten, dazu noch der Krach von Flugzeugen.

Ich saß auf dem Schoß meiner Schwester in einer Karre und blickte auf meine Mutter. Mit der rechten Hand schob sie die Karre. Unter dem linken Arm trug sie ein großes Kissen oder eine Bettdecke. Neben ihr lief mein zwei Jahre älterer Bruder. Hinter ihr war der grellrote Himmel. Ihr Gesicht lag jedoch im Schatten und war kaum zu erkennen. Vom Laufen standen ihre Haare ab und durch die Haare hindurch konnte ich das Licht vom Bombenangriff sehen.

Kampf ums Überleben, Rennen, Gefahr, Angst, Sorge um die Kinder und die Familie: Das war das Leben dieser Frau.

Sie hat fünf Kinder großgezogen, gleichzeitig einen Tante-Emma-Laden geführt und einen Mann gehabt, der oft nicht ›funktionierte‹. Mein Vater war Lademeister im Hafen, hatte andere Frauen und vieles mehr im Kopf. Als ich im letzten Schuljahr war, hat er die Familie verlassen, weil er mit der Situation zu Hause nicht mehr fertig wurde. Er hat sich ein Zimmer genommen und zwei Jahre alleine gelebt.

Wenn ich an meine Mutter denke, sehe ich sie immer in Bewegung, immer in Hektik: Beim Einräumen, Ordnen, Verkaufen im Laden oder beim Kochen, Backen, Flicken in der Wohnung. Waschen mit der Ruffel und dem Blech. Zweimal in der Woche ist sie um vier Uhr früh zum Großmarkt gefahren, um für das Geschäft Nachschub zu holen. Als meine Brüder und ich in der Lehre waren, mußten wir um fünf Uhr aus dem Haus.

Da hatte sie vorher schon unsere Stullen fertiggemacht. Das waren Riesenstapel. Meine Brüder und ich sind immer hungrige Typen gewesen. Acht Stullen und noch was dazu waren gar nichts.

Am Sonntag aßen wir oft mit zehn oder noch mehr Personen am Tisch. Weil meine Mutter ein Auge für sozial Schwache hatte, hat sie regelmäßig nach dem Gottesdienst noch einige Leute zu uns zum Essen eingeladen. Manchmal war sie dann so müde, daß ihr fast die Augen zufielen.

Wenn ich zusammenzähle, was diese Frau alles geleistet hat, kann ich heute nur Hochachtung für sie empfinden. Die meisten Frauen, die ich heute kenne, hätten an ihrer Stelle alles hingeschmissen und wären weggelaufen. Mein Vater hat das ja so gemacht. Aber was wäre aus uns geworden, wenn auch meine Mutter so gehandelt hätte? Wir wären im Waisenhaus gelandet. Die Konsequenz, mit der meine Mutter alles durchgestanden hat, bis wir erwachsen waren, ist der Eindruck von Einmaligkeit, der – das weiß ich heute – mein Leben mitgeprägt hat. Wenn ich auch nicht glaube, daß sie es aus Liebe gemacht hat. Eher aus einem Pflichtgefühl heraus, daß der Laden eben funktionieren muß. Sie hat das Regiment so herrisch geführt, daß von Zärtlichkeit, Zuneigung und Wärme keine Rede sein konnte. Meine Geschwister und ich waren von der Kirche aus in der Jungschar und sind oft über das Wochenende weggefahren. Wenn wir nach Hause kamen, ist es nie vorgekommen, daß meine Mutter uns gedrückt oder gesagt hätte: »Schön, daß ihr wieder da seid.« Das gab es nicht. Auch Worte wie Glück oder Glücklichsein habe ich nie von ihr gehört.

Ein einziges Mal habe ich mich richtig mit ihr verbunden gefühlt. Ich war neun Jahre alt und hatte eine schwere Grippe. Im Fieber träumte ich von riesigen Mengen Blaubeeren, die mich erdrückten. Ich habe wohl aufgeschrien, und als meine Mutter zu mir ans

Bett kam, habe ich meine Arme um ihren Hals gelegt. Später hat sie gesagt, es sei das einzige Mal gewesen, daß ich sie in den Arm genommen hätte. Vielleicht hat diese Frau ja wirklich nie jemanden gehabt, mit dem sie Zärtlichkeiten austauschen konnte. Einmal habe ich mitbekommen, wie meine Eltern sich geküßt haben. Das war nachmittags an der Haustür, als mein Vater zum Dienst in den Hafen mußte.

Ein Lichtblick ist eine Erinnerung aus der Zeit, als ich noch klein war und meine Eltern manchmal am Sonntag mit uns an die Elbe gefahren sind. Ich saß so dicht neben meiner Mutter, daß unsere Körper sich berührt haben. Meine rechte Hand lag im warmen Sand.

Oder die Familie saß beim Essen zusammen. Mein Vater hatte die kleine Schwester auf dem Schoß. Meine Geschwister haben vor kurzem erzählt, daß ich dann manchmal die ganze Familie mit meinem Lachen mitgerissen habe. Das hatte ich ganz vergessen. Die schlechten Erinnerungen aus meiner Kindheit hatten diese schönen Erlebnisse überlagert.

Oft war meine Mutter nämlich so überarbeitet und überreizt, daß sie nur noch um sich geschlagen hat. Sie drehte wegen der banalsten Dinge durch: Wenn kein Holz geholt war, wenn wir nicht aufgeräumt hatten oder nicht rechtzeitig zu Bett gegangen sind. Da wurde nicht nach den Ursachen gefragt, sondern blindlings zugehauen. Das kam wie aus heiterem Himmel. So wurden die Dinge geregelt. Weil ich schon immer ein Typ war, den man schwer lenken konnte, traf es mich am meisten.

Mein Rücken war manchmal ganz grün und blau. Heute würde man in meinem Fall von Kindesmißhandlung sprechen. Damit niemand etwas davon mitbekommt, habe ich mich beim Schwimmen mit der Klasse immer zuletzt ausgezogen und bin sofort im Wasser untergetaucht. Einmal hat ein Lehrer gefragt, was denn mit meinem Rücken sei. Meine Antwort war, ich sei gefallen. Ich habe mich geschämt, die Wahrheit zu sagen.

Ich hatte Angst vor meiner Mutter. Aber ich habe mich ihr nie unterworfen. Meine Brüder und Schwestern haben sich dagegen innerlich zusammengezogen, wenn das Stimmungspegel wieder einmal hoch stand.

Es ist überhaupt erstaunlich, wie unterschiedlich Kinder auf das Verhalten ihrer Mutter reagieren können. Für mich wurde die Mutter – aus Opposition – zum Ansporn, im Leben zu bestehen und mich durchzusetzen. Meine Geschwister aber wurden eingeschüchtert.

Besonders bei meinem kleinen Bruder zeigt sich heute, daß ihm als Kind eine größere Portion Zuneigung gefehlt hat. Er findet sich im Leben nicht zurecht und schließt sich immer wieder Frauen an, die selbst große Probleme haben. Beruflich ist er sehr belastbar und leistet auch sehr viel. Aber im mitmenschlichen Bereich gerät ihm unsere lieblose Erziehung immer wieder zur Falle.

Mein älterer Bruder ist auch nicht gerade der couragierteste Typ, und meinen beiden Schwestern fehlt es ebenfalls an Selbstbewußtsein.

Ich bin unter uns Geschwistern aus der Art geschlagen. Wahrscheinlich weil ich unserer Mutter am ähnlichsten bin. Ich bin so wenig wie sie der Typ, der alles hinnimmt, wie es kommt. Ich wehre mich. Als ich älter wurde, habe ich nicht mehr nur meine Arme vor das Gesicht gehalten, sondern habe zurückgeboxt und bin dann weggelaufen. So ab dem 16. Lebensjahr habe ich meiner Mutter die Arme festgehalten. Dann stand sie zitternd vor mir und konnte nichts machen, weil ich stärker war als sie.

Um Mutter aus dem Weg zu gehen, habe ich mich so wenig wie möglich im Haus aufgehalten. Ich war immer sehr aktiv und hatte nie Mangel an Ideen. Als Kind habe ich aus Apfelsinenkisten Seifenkisten zusammengebaut, mit denen meine Geschwister und ich gegen andere Familienclans angetreten sind. Ich habe Fahrräder auseinandergenommen und wieder zusammengesetzt. Als Jugendlicher habe ich aus fünf Schrottautos eines gemacht und das fuhr dann auch noch.

Wenn es in unserem Haus etwas zu reparieren gab, hieß es: »Kuddel, mach mal.« Ich habe so lange rumprobiert, bis die Sache wieder in Ordnung war.

Ab meinem zehnten Lebensjahr habe ich für eine Großschusterei Schuhe und Sohlen an Selbstbesohler geliefert. Das gab es noch in den fünfziger Jahren. Dafür mußte ich manchmal mit dem Fahrrad bis ans andere Ende von Hamburg fahren. Hin und zurück waren das 60 Kilometer und mehr. Das meiste Geld, das ich verdiente, habe ich meiner Mutter gegeben. Sie hat mir dafür Sachen zum Anziehen gekauft. Ich bin immer unabhängig gewesen.

Deshalb weiß ich auch nicht, wie meine Mutter zu dem Spruch kam: »Kuddel, aus dir ward nie wat.« Vielleicht weil ich mich nicht genug hinter die Bücher geklemmt habe. Ich lese nicht gern. Bücher sind für mich tote Materie. Ich kenne keinen einzigen Roman. Wenn eine Prüfung anstand, habe ich ein paar Tage vorher angefangen zu lernen. Nicht in Hektik, sondern ganz ruhig und konzentriert. Es hat mir nie an Selbstvertrauen gefehlt. Ich wußte immer, ich schaffe das. Ich habe alle Prüfungen mit ›Sehr gut‹ oder sogar mit Auszeichnung bestanden.

Nach der Mittelschule habe ich eine Lehre als Maschinenschlosser im Hafen gemacht. Mit dem Facharbeiterbrief in der Hand sind wir Lehrlinge danach erst einmal ein paar Biere trinken gegangen. Und weil meine Mutter die ganzen Jahre über meine dreckigen Klamotten gewaschen hat, habe ich gedacht, ich muß mich bei ihr bedanken und habe ihr einen großen Kasten Pralinen mitgebracht. Da war sie unheimlich stolz, weil ich an sie gedacht hatte. Das hat sie mir dann auch gesagt.

Nach der Lehre habe ich angefangen, meine Karriere aufzubauen. Nicht in großen Sprüngen, sondern Schritt für Schritt, immer ein Stück weiter nach oben.

Bundeswehr kam für mich nicht in Frage. Nicht weil ich mich drücken wollte, sondern weil ich mich grundsätzlich gegen alles stelle, wo Gewalt ausgeübt wird, sei es durch Worte, Taten oder Systeme. Weil man aber bei der Seefahrt sehr hohen Anforderungen standhalten muß, bin ich zehn Jahre zur See gefahren. Erst als Ingenieur-Assistent und später als Offizier. Mit dem Geld, das ich bei der Seefahrt verdiente, habe ich zwischendurch immer wieder studiert. Bis ich mein Diplom als Ingenieur hatte. Das lief alles nach Plan.

Meiner Mutter habe ich nie erzählt, wenn ich Erfolg hatte. Ich war immer der Meinung, das gehe sie nichts an. Ich habe immer eine breite Kluft zwischen sie und mich gelegt. Meine Mutter ist für mich jemand geblieben, dessen Reaktionen ich nicht einkalkulieren kann und dem ich deshalb lieber nicht zu nahe rücken möchte.

Nach meinen Erfahrungen zu Hause hatte ich immer sehr stark den Wunsch, alles unter Kontrolle zu haben. Ich bin nie unüberlegt in Situationen reingerutscht, die ich nicht überblicken konnte, und ich habe mich bei meinen Überlegungen nie von Gefühlen leiten lassen.

Mein Beruf stand immer an erster Stelle. Frauen haben in meinem Leben keine große Rolle gespielt. Ich bin kein Don-Juan-Typ, der meint, er könne jede haben. Die große Liebe kenne ich nicht. Mit 15 habe ich einmal wegen eines Mädchens ins Kopfkissen geheult. Danach ist mir das nie wieder passiert. Ich kann mir nicht vorstellen, daß ich wegen einer Frau den Kopf verlieren würde. Wenn ich mir auch manchmal denke, es wäre schön, bei einer Frau die Kontrolle über mich zu verlieren. Aber da bin ich wohl nicht der Typ für. Ich bin wie meine Mutter mehr ein Verstandes- als ein Gefühlsmensch. Ich habe Frauen allerdings immer einen gewissen Respekt entgegengebracht. Das hängt sicher mit der Hochachtung zusammen, die mir die Leistung meiner Mutter abnötigte.

Während meiner ersten Nacht an Bord lagen wir in Bremen. Ich teilte die Kabine mit einem anderen Ingenieur-Assistenten. Als ich morgens zur Wache gehen will, sehe ich ihn mit einer Nutte im Bett liegen. Das war für mich schockierend. Ich verstehe nicht, wie Männer so etwas machen können. Auch Autostrich und dergleichen ist für mich unbegreiflich.

Für Seeleute sind Frauen, die sie in Bars und Bordellen kennenlernen, fünftklassige Menschen. Ich komme da nicht mit. Für mich steht hinter jeder Frau ein Schicksal. Ich habe Frauen getroffen, die durch Prostitution eine ganze Familie ernähren, aber noch nie eine Frau, die sich gerne von Seeleuten benutzen und demütigen läßt. Die Mädchen, die ich in zehn Jahren Seefahrt gehabt habe, kann ich an einer Hand abzählen. Wenn es wirklich einmal dazu kam, war immer von beiden Seiten Sympathie im Spiel. Generell ist es aber so, daß mir kurzfristige Abenteuer nicht liegen.

Ich habe sehr schöne Freundschaften mit Frauen. Einige von ihnen sind mit Freunden von mir verheiratet. Diese Frauen liebe ich nicht und ich muß auch nicht mit ihnen ins Bett gehen. Es sind Beziehungen, die sich langsam über Jahre entwickelt haben und die auf gegenseitigem Vertrauen und Achtung beruhen. Das ist mein Verhältnis zu Frauen.

Meine erste Seereise hat zwei Jahre gedauert. Als ich nach Hause kam, war meine Mutter völlig verändert. Ihre Augen haben ganz anders ausgesehen als vorher. Sie haben gestrahlt. Ich kannte meine Mutter nur mit einem Zopf oder einem Knoten. Damals hatte sie sich die Haare schneiden lassen und eine leichte Welle legen lassen. Sie trug nicht mehr die ewigen Kittel, sondern bunte Sachen.

Meine Geschwister waren inzwischen auch alle aus

dem Haus. Wirtschaftlich ging es den Eltern besser. Und da hat meine Mutter wohl zum ersten Mal angefangen, sich zu entfalten. Die Frau war ja nicht tot von ihren Ideen her. Meine Eltern sind zum ersten Mal verreist. Nach Mallorca. Blumen hatte meine Mutter immer sehr geliebt, und die totale Pracht im Süden hat sie ganz begeistert. Sie hat vom Fliegen geschwärmt. Und es haben sich zwischen meinen Eltern und anderen Ehepaaren, die sich auf Mallorca kennengelernt haben, Freundschaften gebildet.

Aber innerlich nähergekommen bin ich meiner Mutter auch während dieser Zeit nicht. Doch ich habe mich gefreut, sie glücklich zu sehen. Und diese schöne Zeit ist dann ganz abrupt abgebrochen. Kurz bevor meine Eltern zum zweiten Mal nach Mallorca fliegen wollten, ist meine Mutter krank geworden: Magen- oder Leberkrebs. So genau weiß ich es nicht. Ich war auf See und habe deshalb ihr Sterben nicht mitbekommen. Darüber bin ich heute noch froh.

Meine ältere Schwester ist Krankenschwester und hat mir den Todeskampf unserer Mutter geschildert. Danach ist meine Mutter sehr schwer gestorben. Die Schmerzen müssen so schlimm gewesen sein, daß sie getobt hat und man sie im Bett festbinden mußte. Diese Vorstellung ist für mich sehr schlimm. Ich blocke das ab. Dabei hätte ich meiner Mutter so gewünscht, daß sie friedlich stirbt.

Nach der Beerdigung haben meine Geschwister und ich uns zusammengesetzt und darüber gesprochen, daß wir unsere Mutter wahrscheinlich mit ganz falschen Augen gesehen haben. Ihre letzten Jahre haben ja gezeigt, daß sie nicht ohne Gefühl war. Vielleicht war sie gar keine harte Frau. Vielleicht ist sie nur so geworden. Wir wissen auch nicht, wie es ihr in der Kindheit und Jugend ergangen ist. Sie hat nie davon erzählt. Ich weiß, daß meine Mutter von einem Bauernhof stammte und viele Geschwister hatte. Wieviele, weiß ich nicht.

Aber auf den kleineren Höfen war es ja früher üblich, daß die Kinder, sobald sie laufen konnten, viel mithelfen mußten.

Vielleicht hat meine Mutter meinen Vater ja auch irgendwann einmal gemocht. Die Ehe war jedoch ein Irrtum. Im Grunde hat meine Mutter von ihrem Leben nur zwei schöne Jahre gehabt und 58 Jahre nichts als Arbeit und Plage mit dem Ehemann und den vielen Kindern.

Wenn ich ihr Leben vor meinen Augen Revue passieren lasse, tut sie mir leid. Ich sehe ihre Lage und verstehe, warum sie so hart geworden ist. Aber ich kann sie nachträglich nicht gern haben. Das warme Gefühl, das ich wahrscheinlich als kleines Kind einmal für sie gehabt habe, ist durch die gnadenlose Draufklopperei kaputtgegangen.

Nach dem Tod meiner Mutter wollte ich ein Haus und ein Heim haben. Das war mein Plan. Ich wollte die Ruhe und Wärme, die ich zu Hause nicht kennengelernt hatte, mit einer Frau erleben. Ich wollte mit dieser Frau harmonisch zusammenleben, und ich hatte ganz bestimmte Ansprüche an die Frau. Sie sollte so zuverlässig und tüchtig sein wie meine Mutter, aber noch andere Interessen haben als Kochen, Waschen, Flicken. Flexibel sollte sie sein, gewandt und diplomatisch. Auf keinen Fall herrisch. Um herrische Frauen wie meine Mutter habe ich immer einen großen Bogen gemacht.

So kam ich auf Nelly. Sie war wissenschaftliche Assistentin und gefiel mir auch vom Äußeren. Meine Freunde sagen von ihr: »Mit Nelly kann man unmöglich streiten.« Kann man auch nicht. Als ich mein Diplom hatte, haben wir geheiratet. Die ersten Jahre waren dann auch die Bestätigung dafür, daß ich mit Nelly die richtige Partnerin gefunden hatte. Das Zusammenleben war sehr harmonisch.

Wir haben uns am Stadtrand von Hamburg einen Bauplatz gekauft. Mein Traum war ein großes, praktisches, unkonventionelles Haus. Ich habe die Planung von A bis Z selber gemacht. Als es fertig auf dem Papier stand, brauchte der Statiker es nur noch abzuzeichnen.

Bei Baubeginn wurde Nelly schwanger. Weil aber irgendwelche Werte nicht stimmten, bestand die Gefahr, das Kind könne behindert auf die Welt kommen. Ich habe meiner Frau trotzdem zugeredet, das Kind auszutragen. »Laß das mal gehen«, habe ich gesagt.

Aber dann liefen wir über sieben Monate mit der Angst herum, ein krankes Kind zu kriegen. Ich habe mich während dieser Zeit so bedroht gefühlt wie als Kind, wenn meine Mutter wie eine Furie auf mich losgegangen ist, und ich habe auch auf die gleiche Art reagiert wie als Junge: Ich war ständig aktiv. Ich habe an unserem Haus sämtliche Holz-, Schmiede- und Installationsarbeiten selbst gemacht. Ich habe Bögen gemauert, den Kamin konstruiert und Licht gelegt. Später habe ich Fliesen und Teppiche verlegt. Alles perfekt in der Ausführung.

Während dieser Zeit habe ich zum ersten Mal festgestellt, daß es zwischen Nelly und mir eigentlich keine Wärme gibt. Wir waren beide gleich hilflos. Einer konnte dem anderen nicht helfen.

Und dann kam Katja auf die Welt, sie war hundertprozentig gesund. Sie hatte alle Punkte, die ein Neugeborenes auf der Punkteskala haben kann.

Meine Tochter war der Mensch, den ich am meisten in meinem Leben geliebt habe, mit Abstand am meisten. Ich habe Gefühle entwickelt, von denen ich gar nicht wußte, daß sie in mir waren. Ich habe an ihr gesehen, wie sich ein junger Mensch entwickelt, wenn er Liebe erfährt. Sie war so frei und offen und für ihr Alter schon so spitzbübisch. Ich war sehr glücklich mit meiner Tochter.

Beruflich war ich zu der Zeit sehr engagiert, und auch am Haus gab es noch viel zu tun. Heute weiß ich, daß die Zeit kostbarer angelegt gewesen wäre, wenn ich mich mehr mit Katja beschäftigt hätte. Ich mache mir deshalb Vorwürfe.

Als Katja dreieinhalb Jahre alt war, sind meine Frau und ich mit ihr zur Schluckimpfung gegangen. Danach haben wir sie an die Hand genommen, und ich habe gesagt: »Katja, jetzt kannst du dein Leben lang springen. Jetzt kann dir nichts mehr passieren.« Das war aber eine total irrige Meinung. Meine Tochter war zwar gegen Kinderlähmung geimpft, aber nicht gegen Tuberkulose. Die Impfung hatten wir nicht machen lassen, weil zu der Zeit der Impfstoff verunreinigt war.

Katja hat dann TBC bekommen. Sie ist gestorben. Wenn die Mutter stirbt, ist das traurig. Aber wenn man ein goldiges Menschenkind verliert, dann geht das an die Substanz. Ich habe keinen Sinn mehr gesehen, noch weiter zu machen. Für wen auch. Bis heute bin ich noch nicht über den Tod meiner Tochter hinweggekommen.

Nelly ist noch weniger damit fertig geworden als ich. Ich hatte wenigstens meine Arbeit, aber sie saß den ganzen Tag zu Hause. Manchmal habe ich gedacht, ich muß sie ins Irrenhaus bringen. Ich kann mit Frauen, die so außer sich sind, nicht umgehen. Ich schalte dann ab. Ich gehe weg. Ich kann unbeherrschte Frauen nicht ertragen. Das kenne ich zu gut von meiner Mutter. Ich habe dann mit ihr eine Absprache getroffen, daß wir keine Kinder mehr haben wollen. Ich wollte keine Krüppel in die Welt setzen.

Als ich dann auf einem Kurs in Amerika war, rief Nelly mich an und sagte mir, daß sie wieder schwanger sei. Ich fühlte mich aufs Kreuz gelegt. Das war gegen unsere Abmachung. Und deshalb habe ich klipp und klar zu meiner Frau gesagt: »Hör mal, ich habe große Probleme mit der Sache. Ich will das Kind nicht.«

Die Tatsache, daß ich heute eine starke und herzliche Zuneigung zu meinem Jungen habe, zeigt mir, daß man sich selbst sehr wenig kennt. Jens ist jetzt vier Jahre alt und eine Rakete von einem Jungen. Er hat die ganze Durchsetzungskraft meiner Mutter in sich. In diesem Jungen steckt unheimlich viel. Auch vom Gefühl her. Der ist in jeder Beziehung vital. Was ich tun kann, um ihn zu fördern, werde ich tun. Ich selbst habe ja früh das Spielen verlernt. Jens soll spielen und seine Kreativität voll entfalten. Ich habe deshalb auch gegen meine Frau durchgesetzt, daß er endlich in den Kindergarten kommt. Und zwar habe ich einen ausgesucht, in dem nicht mit Druck gearbeitet wird. Ich will nicht, daß mein Sohn sich gegen einen auf ihn ausgeübten Druck entwickeln muß. Er soll seine Energien sinnvoller einsetzen.

Meine Frau würde am liebsten immer um Jens herum sein. Ich will aber nicht, daß sie Jens zu sehr an sich bindet. Die rigorose Erziehung meiner Mutter war bestimmt nicht das Ideale. Aber genauso falsch finde ich, daß Nelly versucht, Jens vor allem zu schützen. Ich sehe überall, wie schädlich es sich auf Kinder auswirkt, wenn der Einfluß der Mütter zu stark ist. Diesen überbehüteten, verzärtelten Kindern von heute fehlt die Courage.

Nelly ist jetzt seit zehn Jahren Hausfrau. Ihre Gedanken haben sich auf den häuslichen Bereich Kochen, Waschen, Flicken eingespielt. Ich kriege nur noch wenig Resonanz von ihr. Wenn ich einmal wirklich ein berufliches Problem mit ihr besprechen will, kommt ein Satz wie: »Geht es dir nicht gut? Soll ich dir etwas zu essen machen?«

Das kann man nicht ändern. Vielleicht ist es mit uns schief gelaufen, weil ich nach der Erfahrung mit meiner Mutter ein so starkes Harmoniebedürfnis hatte. Absolute Harmonie gibt es aber nicht. Konflikte gehören zum Zusammenleben. Es muß auch mal Feuer und Flamme sein. Das weiß ich inzwischen.

Aber das ist bei uns nicht mehr drin. Vor kurzem sagte Nelly zu mir: »Du küßt nur noch Jens und mich nie mehr.« Das stimmt. Unsere Beziehung ist kalt. Die Kluft zwischen uns ist fast so groß wie die Kluft, die zwischen meiner Mutter und mir lag. Deshalb würde ich meine Familie aber niemals verlassen. Ich denke da wie meine Mutter: Wenn man eine Familie hat, muß das irgendwie klappen. Da läuft man nicht weg. Die Brücke zwischen Nelly und mir ist das Kind, und es gibt viele Dinge, wo ich mich sehr gut auf meine Frau verlassen kann. Sie ist nach wie vor liebenswürdig und legt Wert auf ihr Äußeres. Wir müssen eben versuchen, das Beste aus unserer Ehe zu machen. Beruflich bin ich jetzt so weit, wie ich es mir als Jugendlicher vorgenommen habe. Der schicke Wagen steht vor meinem Haus. Das reicht mir. Ich habe keine Ambitionen, noch höher aufzusteigen. Auf der nächsten Stufe muß man als Vorgesetzter gehaßt werden. Wer da nicht gehaßt wird, kann die Position nicht haben. Das ist bei Firmenhierarchien so wie in der Politik.

In der Position, die ich jetzt innehabe, kann ich noch auf meine Mitarbeiter eingehen. Ich kann dabei die Erfahrungen verwerten, die ich mit meiner Mutter gemacht habe. Wenn einem Mitarbeiter von mir ein Fehler unterläuft, dann gehe ich nicht hin und sage: »Sie haben schuld«, und haue verbal auf ihn ein. Dann sage ich: »Sie haben grundsätzlich richtig gehandelt. Der Fehler liegt in der Sache, in der Methode oder im System.« Und wenn der Mitarbeiter dann den Wunsch nach Konsens hat, wird er auch verständnisvoll von mir gefördert. Bloßes Umsichschlagen gibt es für mich nicht. Aus eigener Erfahrung mit meiner Mutter kann ich ermessen, wie das auf die Betroffenen wirkt, selbst dann, wenn jeder weiß, daß er nur ein Ventil ist.

Da fällt mir noch etwas ein: Ist es nicht seltsam, daß mein Vater kaum Eindrücke bei mir hinterlassen hat?

## Das andere Geschlecht

*André Bartels, 52, Werbefachmann*

*Wenn ich gelegentlich trübsinnig bin, gehe ich zu André. Er serviert mir ein Obstwasser und bietet mir ein Zigarillo an, und dann geht es los: Geschichten über Geschichten. Geschichten um Frauen, um Männer, um Kunst, Werbung, um Mode, um Gerüche und die neuesten Theaterstücke.*

*Er zeigt mir seine neuesten Kunstwerke: Kasperlpuppen, für die er selbst die Kleider genäht hat, Bilder und Grafiken, Holz-, Speckstein- und Korkgeschnitztes. Und zu jedem Stück gibt es eine neue Geschichte.*

*Irgendwann muß André dann ganz schnell weg: zu einer Frau (»Ein slawischer Typ, wunderschön«), in die Agentur (»Wir machen gerade eine Kampagne mit Ufos und Mädchen«), zu einem Essen (»Mit einem Musiker, der sie nicht alle hat, aber fantastische Sachen komponiert«).*

*Wir verlassen zusammen das Haus. Draußen scheint die Sonne. Das Leben ist wieder schön, prall und rund.*

Ich bin mein Leben lang dem Weibe nachgelaufen.

Meine Mutter war so ein Strich. Ganz schlanke Beine und ein schmales Gesicht. Eine elegante Frau. Der Duft ihres Parfums und ihrer Pelze sitzt mir heute noch in der Nase. Wenn ich müde war, hat sie mich auf den Schoß genommen. Da war es weich und bequem. Aber ich habe dabei nie einen sinnlichen Genuß gehabt. Da war immer eine von der Natur eingebaute Schwelle, um Degeneration zu vermeiden. Onkel Freud und tausend andere haben das ja auseinandergenommen.

Das erste Weib war Margarete, eine Freundin meiner

Mutter. Ein slawischer Typ mit dunkelbraunen Augen. Wenn Margarete da war, bin ich zu ihr gegangen. Sie roch, und ihre Kleider dufteten. Ich kann mich noch genau erinnern, wie ich mit sechs Jahren auf ihren Strumpfhaltern saß. Das muß prägend gewesen sein. Ich habe mein Leben lang Strapse und Kleider und hübsche Sachen verschenkt. Ich lebe ja für den Kram. Ich liebe Schminke, wenn sie nicht zu dick aufgetragen ist. Reine Natur ist mir ein Grauen.

Ich war vor kurzem auf Korsika. Da ist ja Natur, und manche Frauen sind dann ganz gelöst. Da legen sie dann ihre 100 Kilo Fleisch platt hin, Brust rechts und Brust links in den Sand: Ist ja Natur.

»Warum gucken Sie denn so?« hat mich eine gefragt.

»Warum soll ich nicht gucken? Weil Sie nackt sind? Sie sind doch so natürlich.«

Furchtbar. Meine Mutter war nicht prüde. Aber sie hatte viel zu viel Sinn für Schönheit, um sich so zu produzieren.

Meine Mutter kam aus sehr gutem Haus, richtig solides Bürgertum, wie das früher so war. Die Frauen durften nichts lernen. Meine Mutter hat eine Haushaltungsschule für höhere Töchter besucht. Haushalt war bei uns nie ein Akt. Dann hat sie Klavier und Mandoline gespielt und wahnsinnig schöne Stickereien gemacht.

Mein Vater war Hotelkaufmann im großen Stil. Ein richtiger Frauentyp. Ganz feines Gesicht und schwarzhaarig, wie ich ja auch einmal war.

1939 haben sie meinen Vater zu den Soldaten geholt. Ich bin unter Frauen groß geworden und mit Männern, die alt genug waren und Abstand hatten und nicht mehr den starken Mann markieren mußten. Mit den paar Nazis, die damals bei uns in Berlin rumliefen, hatten wir keinen Kontakt.

Mein Großvater, der Vater meiner Mutter, war ein toller Mann, lang und schmal. Er war Forstmeister gewesen und an einer Brauerei beteiligt, ist ganz früh

Witwer geworden und hat mit einer sehr viel jüngeren Frau zusammengelebt, nicht weit von uns entfernt an der Havel. Die Russen haben das dann später einkassiert.

Mein Großvater war durch und durch Ästhet. Der hätte sich nie gehenlassen. Von wegen, »Ich bin ja ein oller Mann und brauch' mir die Nägel nicht mehr zu maniküren.« Oder »Ist ja egal, dann zieh' ich eben ein rotes Hemd zum blauen Anzug an.« Nicht im Traum.

Die absolute Chefin war meine Urgroßmutter. Die lebte in Polzin in einem großen Haus mit heruntergezogenem Dach, lief mit weiten Röcken bis zu den Füßen herum und hatte in ihrer linken Rocktasche immer eine Flasche Korn.

Geschichten konnten meine Urgroßmutter und mein Großvater erzählen! Ich habe tausend Geschichten mitbekommen, und vielleicht fallen mir deshalb heute immer neue ein. Unser Haus war ja auch immer voller Gäste.

Meine Mutter war unglaublich neugierig und interessiert, neue Menschen kennenzulernen. Zu uns kamen Kommunisten, Geschäftsleute und Zirkusleute. Aber nicht Schrott, sondern große Artisten. Künstler waren bei uns, Schauspieler. Ich wollte immer alles mitbekommen, was die erzählt haben. Wenn jemand gemeint hat, ich müsse zu Bett, hat meine Mutter gesagt: »Laßt ihn ruhig sitzen.« Ich habe dann mit offenem Mund zugehört, bis ich eingeschlafen bin. Dabei habe ich viele Eindrücke aufgenommen.

Das war alles irgendwie sauber. Da war Fürsorge und Sicherheit. Wenn ich Durst hatte, gab mir meine Mutter etwas zu trinken und auf dem Brot Butter unter und Marmelade drüber.

Meine Mutter hat nie irgendwelchen Druck auf mich ausgeübt. Ich kam zum Beispiel an einem heißen Sommertag aus der Schule. Zu Hause gab es Brühnudeln. Kein Kind mag bei 25 Grad Brühnudeln. Dann hieß es nicht: »Du ißt das jetzt.« Da wurde der Teller weggenommen, und ich konnte rauslaufen zum Spielen. Ich habe gespielt und gespielt und gespielt. Meine Mutter hat mir für meine Kasperlpuppen mit der Maschine die schönsten Kleider genäht. Als mein Vater wieder da war, hat er bei einem befreundeten Bildhauer noch tollere Puppen schnitzen lassen. Ich habe Vorstellungen gegeben, da kamen die Kinder von wer weiß wo angelaufen.

Ich beobachte heute viele Mütter, die ihre Kinder nicht in Ruhe spielen lassen können. Die ständig an ihnen herumzerren und sie erziehen müssen. Das schreckliche Wort Erziehung sagt ja schon, daß man jemanden in eine ganz bestimmte Richtung bringen will. Das hat meine Mutter nie gemacht. Ihre Erziehung bestand darin, daß sie mich nicht erzogen hat, sondern unterstützt hat. Sie war neugierig: Was ist das für ein Mensch, den ich da auf die Welt gebracht habe? Das hat sie interessiert. Sie hat mich so angenommen, wie ich bin, und fand mich immer toll. Ich konnte mich aus einem ganz sicheren Gefüge heraus selbst entwickeln und brauchte mich nie gegen meine Mutter oder meinen Vater zu wehren. Meine Eltern haben mich immer ermutigt.

In der Schule war das natürlich etwas ganz anderes. Unter unseren Lehrern waren viele ehemalige Nazis, die den ganzen Drill weiterexerziert haben. Ich habe oft mit denen Ärger gekriegt. Meine Mutter hat mich immer darin bestärkt, mich gegen die Unterdrückungsversuche dieser Lehrer zu wehren. Sie hat durchschaut, daß der ganze Krieg nur passieren konnte, weil wir ein so gehorsames Volk sind und wäre nie auf den Gedanken gekommen, von mir Gehorsam zu verlangen.

1945 hatte noch eine Panzergranate unser Haus kaputtgeschossen. Dabei ist die Porzellansammlung meiner Mutter mitexplodiert. Meine Mutter ist fast zusammengebrochen. Nicht weil sie an Werten hing, sondern weil etwas Schönes kaputt war. Wir sind dann nach Hohenschönhausen gezogen, wo heute die Ostberliner Bonzen wohnen. Der Krieg war zu Ende, und alles brach zusammen.

Deshalb hatte aber meine Mutter ihre Lebensführung nicht geändert. Sie hatte immer die gleiche Art, sich die Haare hochzustecken. Nachmittags um vier Uhr wurde jetzt eben nicht mehr Tee, sondern Muckefuck getrunken. Auch in unsere Wohnung kamen viele Leute, und es wurden viele Geschichten erzählt. Es wurde gelacht, und meine Eltern waren immer ungeheuer fröhlich miteinander. Nicht, weil sie blind waren und nicht sahen, was draußen vor sich ging, sondern aus dieser Lebenshaltung heraus: »Fröhlich geht die Welt zugrunde.« Das habe ich übernommen.

Das Umfeld draußen war ja schlimm. Wenn heute jemand einer Oma die Handtasche klaut, heißt es: »Du mußt auch verstehen, wo der groß geworden ist.« Ich glaube nicht an den Einfluß des Milieus auf die Menschen. Wenn es danach ginge, müßte ich heute Schwerverbrecher sein. Ich habe mitgekriegt, wie Frauen vergewaltigt wurden, wie man klaut und einbricht. Ich habe Leichen zu Tausenden gesehen. Die lagen die Straße entlang ohne Köpfe.

Grauen war etwas anderes. Neben uns wohnte die Frau Blixer, eine wahnsinnig schöne Frau. Sie sah aus wie Margot Hielscher, als sie jung war. Und eines Tages hat sie sich ganz einfach erhängt. Ich wollte gerade mit meiner Mutter weggehen, und dann sahen wir sie. Die Zunge hing ihr aus dem Mund. An dem Morgen hatte es bei uns Zungenwurst gegeben, so große, dunkle Wurst mit Fettstücken drin. Wenn ich an Zungenwurst denke, denke ich an die Frau Blixer.

Als ich zehn Jahre alt war, wußte ich alles. Von uns zu Hause bis zum Alexanderplatz waren es mit der Straßenbahn zwanzig Minuten. Da bin ich dann so ab vierzehn mit meinem Freund Rudi rumgestrolcht. Berlin nach dem Krieg war eine richtige Großstadt, toll, und ich habe alles aufgesogen wie ein Schwamm, ohne zu reflektieren. Ich habe meine Umgebung mit den Ohren, dem Mund, der Nase und durch die Haut aufgenommen. So wie man eine Sprache lernt. Das geht ja auch unbewußt.

Ich war ewig wach und habe geschnüffelt. Ich wußte, da ist ein Bildhauer, dort wohnt ein Maler, der ist ein Freund von meinen Eltern. Da sind Rudi und ich dann hingegangen. Dann gab es einen Vortrag, und verabredet war ich auch, und dann gab es da noch Bertolt Brecht mit seinem Theater.

Wenn ich nach Hause kam, hat meine Mutter nicht gesagt: »Wo warst du so lange? Wo hast du dich rumgetrieben?« Kein Wort. Das hätte nach allem, was ich durch den Krieg mitbekommen habe, auch keinen Sinn gehabt. Statt dessen hat sie gefragt: »Wen hast du getroffen? Wie ist Brecht bei den Proben?« Sie wollte alles wissen. Meine Meinung war ihr wichtig, und sie hat dann ihren Kommentar dagegen gesetzt. Ich fühlte mich ernstgenommen, und das hat mein Selbstbewußtsein noch gestärkt.

Ab unserem fünfzehnten Lebensjahr haben Rudi und ich nach den Mädchen geguckt. Das war so die Zeit: »Ob du die rumkriegst?« Rudi und ich haben uns immer abstimmen können. »Nimmst du die Lange?« – »Gut, dann nehme ich die andere.« Und dann haben wir im Wald mit denen geübt.

Davon hat meine Mutter nie erfahren. Ich habe nie ein Mädchen mit nach Hause gebracht. Warum auch? Wenn meine Mutter gemerkt hätte, daß ich drei Mädchen gleichzeitig habe, hätte sie sich nur aufgeregt. Sie hätte gesagt, das sei charakterlos. »Man muß sich ja schämen«, wäre ihr dann bestimmt rausgerutscht. Recht hat sie. Tatsache ist, daß ich heute immer nur eine habe.

Ein rotes Tuch war für meine Mutter auch Unehrlichkeit. Ich konnte alles machen. Bloß Lügen: Aus, Feierabend. Bei uns zu Hause ging es absolut ehrlich zu.

Mit 16 wollte ich mit der Schwester eines meiner Freunde übers Wochenende nach Bindow raus. Da fragte mein Vater: »Hast du Geld, wenn du mit der Frau essen gehen willst?«

»Ne, Vater, brauch ich nicht. Ich fahr mit einem Freund.«

Mein Vater: »Überleg dir das. Sollen wir Freunde bleiben oder nicht? Dann brauchen wir uns ja nicht mehr zuzuhören.« In ganz ruhigem Ton. Und dann griff er in die Tasche und hat mir nagelneues Geld von der Bank und eine Packung Zigaretten gegeben. Gequalmt habe ich sehr früh.

Mein Vater ist furchtbar gestorben. Er hatte sich vor dem Krieg in den Tropen Malaria geholt. Drei Jahre lang hat er nach Luft gerungen. Keine Zigarre mehr geraucht, sich geschont. Alles Sachen, die ich heute nicht machen würde.

Ich habe damals nur noch auf einer Backe geschlafen. Wenn meine Mutter und ich dachten, jetzt erstickt er, bin ich zur Telefonzelle gesprintet und habe in der Klinik so lange Rabatz gemacht, bis sie einen Krankenwagen geschickt haben.

Meine Mutter hat sehr gelitten. Aber sie hat nicht rumgejammert. Jammern bringt doch auch nichts. Wenn man wirklich leidet, wird man ganz still. Ich habe mich immer verkrochen, wenn es mir einmal dreckig ging.

Als die Mauer gebaut wurde, bin ich erst nach Westberlin und später nach Hamburg gezogen. Allein. Es wäre Blödsinn gewesen, meine Mutter mit dorthin zu zerren. Wo sie wohnte, hatte sie ihre Freunde und den Friedhof.

Ich habe sie noch ein paarmal besucht. Wir haben aneinander gehangen, aber wir hatten uns dann doch auseinandergelebt. Meine Mutter fand nach wie vor alles schön und toll, was ich gemacht habe, aber jeder hatte sein eigenes Leben. Alles andere ist Krampf. Vernünftige Menschen wissen das. Ich hatte das Glück, daß meine Mutter ganz für mich da war, als ich sie brauchte, und daß sie mich losgelassen hat, als ich ohne sie auskommen konnte. Sie hat mir auch nie das Gefühl gegeben, ich muß mich um sie kümmern. Ich hatte nie Schuldgefühle, wenn ich einmal ein Jahr nicht bei ihr war.

Zehn Jahre nach dem Tod meines Vaters habe ich bei einem meiner letzten Besuche gemerkt, daß die Uhr meiner Mutter abläuft. Wenn man seine fünf Sinne beisammen hat, sieht man ja auch, wie ein Baum eingeht. Mutter hat ausgesehen wie immer. Der Bauch war nur etwas dicker, und dann merkt man das ja auch an der ganzen Motorik, an der Haltung und an den Augen, daß etwas nicht stimmt. Ich rieche die Leiche.

Meine Mutter hatte Unterleibskrebs, aber sie hat das alles weggedrückt. Sie wollte es nicht wissen. »Laß man. Das kommt schon wieder in Ordnung.« Ich habe nichts dagegen gesagt. Aber wenn es um den Tod geht, finde ich diese Haltung so falsch und bekloppt wie sonst nur etwas.

Ich habe seit meinem zwanzigsten Lebensjahr intensiv über den Tod nachgedacht. Für mich sind Leben und Sterben ein ganz normaler Kreislauf. Irgendwo kommst du her und dann mußt du auch wieder gehen. Wir verstehen ja gar nicht mit unserem kleinen, blöden Verstand, was da los ist. Warum stirbt man heute heimlich?

Ich wohne jetzt seit über zehn Jahren im gleichen Mietshaus, und ich habe noch nie gesehen, wie ein Sarg aus dem Haus getragen wurde. Man verdrängt den Tod. Damit amputiert man das Leben, bevor es überhaupt einen Arm oder Bein oder ein Stück Seelenauswuchs bekommt.

Ich bin ein ganz schlechter Verdränger. Ich kaue Probleme durch. Ich habe schweres Rheuma. Meine

Füße sind vollkommener Schrott. Damit kann ich leben, und zur Not heirate ich eine Krankenschwester.

Aber es gibt andere Sachen. Krebs ist ein Angstwort und Aids eine unangenehme Sache. Ich möchte nicht so hinsuppen, und ich will nicht an Apparate angeschlossen werden. Das habe ich nach einem Unfall, den ich vor ein paar Jahren hatte, auch schriftlich festgelegt. Wenn ich weiß, ich habe Pech gehabt, dann gibt es für mich ein Pillchen. Viele sehr vernünftige Leute haben das vorgemacht.

Und wenn ich dann tot bin, werde ich wahrscheinlich eine Krähe. Diese Tiere finde ich toll. Die halten immer schön Distanz und gucken nur. Das ist herrlich.

Aber bis es soweit ist, sage ich mit Zille: »Lebenslauf, ick erwarte dir.« Ich habe von meiner Mutter ein geradezu krankhaftes Interesse an dieser Welt geerbt. Wenn man nicht bis an die Grenzen geht, erfährt man nie etwas. Man muß sich auseinandersetzen, aber elementar und nicht mit dem Schmalz obenauf.

Meine Mutter war eine Frau, die alles mit wachen Sinnen aufgenommen hat. Genau wie ich. Sie ist immer ganz da gewesen, und so geht es mir auch. Ich will alles voll auskosten. Egal, ob mir dann die Arme abstehen oder ob mir danach schlecht wird. Zur Zeit habe ich ein Verhältnis, das spielt sich nur im Bett ab. Vor kurzem hat die Frau gemeint, das könne sie nicht. Da habe ich gesagt: »Mit wem hast du denn schon die Möglichkeit, alle sinnlichen Freiheiten zu leben? Sei doch dankbar, daß es dir passiert.«

Es gehört nämlich eine ganze Menge dazu, zum Nicht-Denken zu kommen. Die meisten Menschen schaffen es nicht, die Bremsen in sich loszulassen.

Die schlanken Blondinen wie meine Mutter habe ich oft bewundert, aber immer mit Distanz. Ich bin nie mit ihnen ins Bett gegangen. Mir hat da der sinnliche Reiz gefehlt. Da war immer diese Schwelle. Von der Lebensart her waren dagegen alle Frauen, die ich kannte, meiner Mutter sehr ähnlich. Das ist durchgängig. Mit zwanzig habe ich den Typ Frau kennengelernt, dem ich danach immer nachgejagt bin: Evelyn Hanstein, schmal, dunkel, wunderschön. Eine kluge Frau, 30 Jahre alt. Eine absolut sinnliche Frau, durch und durch Ästhetin. Wir haben uns richtig gegenseitig hochgeschaukelt. Sie hat mir Pullover gekauft und wunderschöne Liebesbriefe geschrieben, als ich nicht mehr zu ihr gegangen bin. Nicht, weil ich sie nicht mehr mochte, im Gegenteil. Aber man muß in der Lage sein, seine Lieblingstasse kaputtzumachen. Man muß alles probieren.

Tausend andere Sachen haben mich angezogen. Es ging immer weiter nach vorne. Ich habe Theatertanz gemacht und war jeden Tag verliebt, auch wenn eine Frau 90 und noch schön war.

Frauen um die Dreißig sind für mich eine wahnsinnige Geruchsgruppe geblieben. Dieser selbstbewußte Großstadttyp, den meine Mutter repräsentiert hat. Der klar und vernünftig reagiert und es nicht nötig hat, diese ganzen Arien abzulassen.

Ich mag keine Frauen, die ständig über ihre komischen Gefühle sprechen. Wenn jemand empfindungsfähig ist, braucht er damit nicht hausieren gehen, sondern soll danach handeln. Wenn ihm etwas weh tut, kann er schreien, und wenn er etwas schön findet, kann er jubeln. Aber er muß nicht darüber reden, warum er jubelt.

Einer Frau, die zu mir sagt: »Ich bin nämlich sensibel«, antworte ich sofort: »Ich nicht.« Wer von sich behauptet, er sei sensibel, ist ja bekloppt. Mit Sensibilität meinen die meisten ihr Seelchen. Aber Sensibilität ist ja ein bißchen mehr. Das ist Aufnehmen von Gerüchen, von Lauten, von allem, was einen umgibt. Wenn jemand sensibel ist, rennt er nicht nackt am Strand rum.

Einmal war ich verheiratet. Ariane war neben meiner Mutter die wichtigste Frau in meinem Leben. Es gibt zwischen ihnen viele Parallelen. Ariane ist wie meine Mutter eine gripsige, elegante Frau, an der man nicht vorbeigeht. Sie kann zuhören und hat die gleiche Fähigkeit wie meine Mutter, Leute anzuziehen. Bei uns war immer Besuch. Ariane und ich haben so fröhlich zusammengelebt, wie ich es früher bei meinen Eltern erlebt habe. Wir haben geheiratet, weil es damals die Berlin-Unterstützung gab. Ich hatte als freier Maler und Grafiker gearbeitet, und das Geld kam uns gerade richtig. Wir haben eine tolle Hochzeit gemacht, mit allen Schikanen und vom Feinsten. Mit 15 Leuten sind wir durch fünf Lokale gezogen und waren ungeheuer heiter. Nur die Freundin meiner Frau hat geheult.

Irgendwann gab es einen Knick in der Ehe. Die meisten Leute machen ja dann weiter. Aber wenn ich nicht mehr essen kann, höre ich auf. Wir haben uns scheiden lassen. Meine Frau ist aber heute noch für mich da, und wenn sie mich braucht, bin ich ihr ein wirklich guter Freund. Zwischen uns herrscht absolutes Vertrauen. Wirkliche Bindungen sind ja auch etwas ganz anderes, als einen Menschen immer zur Hand haben.

Danach habe ich nur noch einmal mit einer Frau zusammengewohnt. In Paris. Bei der Frau wäre ich fast geblieben. Sie hatte einen kleinen Sohn, Nicola. Der hatte auch Rheuma wie ich.

Zwischen dieser Frau und Nicola war ein so gutes, normales Verhältnis, wie ich es früher zu meiner Mutter hatte. Einmal hat Nicola beim Essen ein kostbares Glas umgeworfen. Es gab Scherben. Da hat meine Freundin ganz spontan nach Nicolas Hand gegriffen und gefragt: »Hast du dich verletzt?« Auf das Glas hat sie keinen Gedanken verschwendet. Genauso hätte meine Mutter reagiert.

Auch beruflich habe ich mich nie in die Tasche stekken lassen. Ich habe nie Sicherheit angestrebt. Zeitweise hatte ich nicht einmal eine Krankenversicherung. Wenn ich höre, welche Sorgen sich Leute wegen ihrer

Altersversorgung machen, kann ich doch nur lachen. Wahrscheinlich kann ich auf diese äußere Sicherheit verzichten, weil ich als Kind durch meine Mutter die absolute Sicherheit hatte und soviel Selbstvertrauen entwickeln konnte, daß ich weiß: Es geht immer irgendwie weiter.

Ich bin jetzt seit über zwanzig Jahren freier Mitarbeiter bei Werbeagenturen und mache das wahnsinnig gerne. In der Werbung geht es ja darum, daß man Leute auszieht. Wo kriege ich jemanden hin? Das hat nichts mit Lügen zu tun. Ich lüge nicht. Ich spiele Rollen. Ich kann, wie gesagt, Opern erzählen, wenn es sein muß.

Meiner Mutter habe ich zu verdanken, daß ich mich bei meiner Arbeit vollkommen konzentrieren kann. Ich arbeite so ruhig und so entspannt, wie sie mich als Kind hat spielen lassen. Ich kann Nächte durcharbeiten, aber ich bin nie im Streß. Und das lasse ich mir bezahlen.

Man muß für alles bezahlen. Meine Mutter hatte während und nach dem Krieg, als es uns gut ging – wir bekamen auch über meinen Großvater viele Sachen –, ganze Straßenzüge versorgt. Als sie dann selbst nichts hatte, hat ihr kein Mensch geholfen. Und seitdem sage ich: »Ich arbeite gerne. Aber das kostet.«

Wenn ich eine Rechnung präsentiere und die Leute sagen: »Fünftausend Mark in vier Tagen verdienen, das möchte ich auch einmal«, dann sage ich nur: »Machen Sie es doch.«

Ich bin in den letzten Jahren beruflich und privat viel unterwegs gewesen und beobachte dann die Leute um mich herum. Wenn ich sehe, wie die meisten Männer mit Frauen umgehen, kann ich nur sagen: »Männer sind doch arme Schweine.« Was haben die für ein komisches Bild von Frauen. Was müssen die für Mütter haben. Mir kann schwindlig werden, wenn ich sehe, wie sie mit diesem Kuhblick eine Frau anmachen und plötzlich ganz weltmännisch werden. Oder Männer, die man in Kneipen trifft. Bullige Typen mit so einer Wampe. Die bewegen sich, als wenn sie Stahl um sich hätten und ihnen alles weh täte. Die meisten haben sich nie einer Sache ausgesetzt, und wenn sie ein paar Bierchen getrunken haben, kommen ganz grauenvolle Spießergeschichten raus.

Wenn ich Spießer sage, meine ich Gesinnungsspießer. Die gibt es wie Gesinnungsproletarier in allen Schichten. Auf Korsika habe ich vor kurzem solch ein typisches Exemplar kennengelernt. Das war so ein richtig verkrusteter Fall.

Mit dem hatten sie mich vom Hotel aus für die Mahlzeiten an einen Tisch gesetzt. Bei uns saß noch eine Kunsthistorikerin, niedlich, klein. Eine kluge Frau, aber nicht meine Geruchsgruppe.

Der Mann war Diplomingenieur, zu Hause in fünfzehn Vereinen und CSU-Mitglied. Der war einen Monat verheiratet gewesen, dann hat seine Frau mit einem anderen geschlafen. Wenn wir zusammensaßen, hat er Riesenvorträge über Moral gehalten. »Diese Frau kann ich doch nie mehr anfassen und diese Sauerei und diese Weiber.« Auf die Tour. Der war richtig in Fahrt.

Irgendwann fing er dann an, bei der Kunsthistorikerin am Ausschnitt rumzunesteln. Ihr war das peinlich, aber sie hatte nicht den Mut, ihm auf die Finger zu hauen. Ich konnte das gar nicht mit ansehen. Entweder richtig anfassen oder richtig nett sein. Alles andere ist Blödsinn. Aber das war einer von denen, die immer kneifen.

Eines Abends sind wir dritt auf dem Weg in eine Bar, und da haut ihr dieser Mann mit seinen hohen moralischen Ansprüchen so richtig schön männlich auf den Arsch. Da ist sie dann ausgflippt und hat ihm endlich die Meinung gesagt.

Ich habe dann gemeint: »Ihr Frauen seid doch doof, daß ihr euch so viel gefallen laßt. Wenn mir jemand hinten draufhaute, dem würde ich so vorne auf die Hose schlagen, daß ihm alles aus den Ohren rauskommt.«

Manchmal wünsche ich mir wirklich, Frau zu sein. Um das auszuspielen, und nicht weil ich schwul bin. Wenn ich auch immer ein Typ für Schwule war. Hat mich nie interessiert. »Bei Männern fehlt mir der Geruch der anderen Art«, habe ich vor kurzem einem Ballettmeister gesagt.

Es wäre mir ein Horror, entweder das Trudchen oder den Macker spielen zu müssen. Ich kenne das ja nicht von zu Hause her, dieses: »Greif mal durch, sei mal ein Mann.«

Ich suche in einer Frau, was ich selbst nicht habe. Nach Korsika bin ich allein geflogen. Ich wollte nur malen und zeichnen und mit meinen kranken Füßen im Sand spazierengehen. Da im Mittelmeerraum treffe ich dann immer Frauen, die das haben, was meine Mutter hatte und was ich meine. Gar nicht, daß ich mit denen ins Bett will oder die mit mir, überhaupt nicht. Wir gehen aneinander vorbei, gucken uns an, und jeder erkennt in dem anderen das andere Geschlecht. Da muß man gar nicht drüber reden. Sie ist die Frau und ich bin der Mann.

## Eigentlich brauche ich die Mami nicht mehr

*Marc Schnellberger, 16, Schüler*

*Wir wohnen im gleichen Ort. Schon als Dreikäsehoch ist mir Marc durch seine Offenheit und Freundlichkeit aufgefallen. Ein paarmal habe ich mitbekommen, wie er sich mit seiner Mutter stritt. Er konnte dann Zorn und Aggressionen zeigen, ohne mit Strafen rechnen zu müssen.*

*Marcs Vater lernte ich als ruhigen, besonnenen Mann schätzen. Auch er scheint keinerlei autoritären Druck auf seinen Sohn auszuüben. Was wird aus einem Jungen, der sich so frei entwickeln konnte?*

*Der 16jährige Marc ist groß, dünn und schlaksig. Als ich ihn bat, bei diesem Buch mitzumachen, bekam sein Gesicht einen leicht spöttischen und überlegenen Ausdruck: »Wenn ich dir damit einen Gefallen tun kann, will ich dir gerne helfen. Aber ich bezweifle, ob etwas dabei herauskommt. Ich bin ja nichts Besonderes.«*

Ich finde es toll, daß ich mich überall mit meiner Mutter sehen lassen kann. Vor kurzem hatten wir in der Schule Elternversammlung. Die Schüler durften mitkommen. Am nächsten Tag hieß es: »Sieht deine Mutter gut aus.«

Wenn ich in der Schule Probleme mit einem Lehrer habe und mich ungerecht behandelt fühle, sage ich zu meiner Mutter: »Geh du doch mal hin und sprich mit ihm.« Ist es nicht komisch, daß ich nach solchen Gesprächen immer bessere Noten kriege? Die Lehrer sind alle Männer. Es macht bestimmt Eindruck auf sie, wenn eine so intelligente und schicke Frau wie meine Mutter auftaucht.

Meine Eltern sind geschieden. Ich lebe allein mit

meiner Mutter, und das ist wirklich optimal. Sie arbeitet als Sekretärin in einer großen Werbeagentur. Mittags fährt sie schnell nach Hause. Mit dem Auto braucht sie nur zehn Minuten. Wenn ich dann aus der Schule komme, steht das Essen auf dem Tisch. Wir essen zusammen, und sie fährt wieder in die Agentur.

Die Wohnung gehört dann mir. Niemand stört mich. Ich mach' mir ein Tonband an, ganz laut, oder ich telefoniere erst einmal mit einem Freund oder einer Freundin. Wenn ich keine Lust auf Hausaufgaben habe, laß' ich das liegen und mache es am nächsten Tag. Kein Problem.

Ich finde es wirklich gut, daß meine Mutter und ich nicht so aufeinanderhängen. Ich möchte nicht ständig mit ihr zusammen sein. Sie hat zum Beispiel die Angewohnheit, in der Wohnung nackt oder im offenen Bademantel rumzulaufen. Das stört mich unheimlich. Ich bin bestimmt nicht jemand, der sich am Badestrand die Badehose hinter einem Handtuch hochquält. Es macht mir überhaupt nichts aus, wenn ich meine Freunde oder meine Freundin nackt sehe. Aber bei meiner Mutter ist es etwas anderes. Da schäme ich mich.

Einmal habe ich meine Mutter gefragt: »Kannst du dir nicht etwas überziehen, wenn ich da bin?« Es ist ja gut, daß ich mit ihr über solche Sachen sprechen kann. Das geht bei uns. Aber sie hat überhaupt nicht darauf reagiert. Sie schämt sich überhaupt nicht vor mir. Sie läuft so rum, weil es immer bei uns so üblich war. Sie denkt sich nichts dabei.

Wie soll ich da eine Beziehung zu Mädchen aufbauen?

Eine feste Freundin für eine lange Zeit habe ich noch nicht gehabt. In meiner Altersklasse ist es auch ziemlich schwer, jemanden zu kriegen. Die Mädchen mit 16 stehen auf Jungen, die 18 oder noch älter sind. Das heißt jetzt nicht, daß ich mich als letzter anstellen muß. So ist das nicht. Für kürzere Zeit war ich schon öfter mit Mädchen zusammen. Einmal hatte ich zwei Monate lang eine Freundin. Die war 15 und hat von ihren Eltern die Pille bekommen. Wenn ihre Eltern weg waren, bin ich bei ihr geblieben.

Ich habe sie aber nie mit zu meiner Mutter genommen. Vielleicht wäre dann die Frage gekommen: »Hast du mit ihr geschlafen?« Solche Fragen möchte ich absolut nicht beantworten. Das geht meine Mutter nichts an.

Ich guck' bei Mädchen in erster Linie aufs Äußere. Ein Mädchen kann noch so nett sein, aber wenn ich mich mit ihr nicht in der Öffentlichkeit sehen lassen kann, wird das nie etwas. Es gibt ja Leute, die sagen, Aussehen sei zweitrangig. Das glaub' ich denen nicht.

Am liebsten bin ich mit meiner Clique zusammen. Wo jeder jeden kennt und alle befreundet sind. Wir treffen uns im Jugendzentrum. Da ist immer etwas los. Ich finde es schade, daß so wenig Mädchen hinkommen. Wenn doch einmal eine reinguckt, und ein Junge macht eine Bemerkung, die gar nicht böse gemeint ist, geht sie meistens rückwärts wieder raus. Es gibt nur wenig Mädchen, die wirklich Courage haben und sich nichts von Jungen gefallen lassen.

Ich mag Mädchen, die sich nicht einschüchtern lassen. Mit einem Dummchen, das zu allem Ja und Amen sagt, wüßte ich gar nichts anzufangen.

Meine Clique ist mir im Augenblick wichtiger als meine Mutter. Eigentlich braucht man in meinem Alter seine Mutter gar nicht mehr. Gut, wenn ich nachts nach Hause komme und ich sehe Licht in ihrem Zimmer, dann bin ich beruhigt. Ich weiß, sie ist da und sitzt in ihrem Bett und liest. Ich gehe dann zu ihr, und wir reden ein bißchen. »War es schön? Hast du Spaß gehabt?« fragt sie mich.

Das ist in Ordnung. Aber ich möchte zum Beispiel keinen Urlaub mehr mit meiner Mutter verbringen. Zum letzten Mal sind wir zusammen verreist, als ich 13

Jahre alt war. Wir haben ja ganz andere Interessen. Ich will rumreisen und in Diskos gehen. Sie will am Strand liegen und vielleicht einen Mann kennenlernen. Ich gehe spät ins Bett und stehe erst mittags auf. Sie geht gerne früh schlafen und ist morgens früh wach. Das paßt doch gar nicht zusammen. Also ist es besser, jeder fährt alleine und amüsiert sich.

Zum Glück sieht meine Mutter das ein. Sie hat nie versucht, mich festzuhalten. Mit 16 Jahren bin ich auch alt genug, um selbst zu wissen, was für mich gut und schlecht ist, und ich kann auch Recht und Unrecht unterscheiden.

Ich denke, deshalb ist es normal, daß meine Mutter mir keine Vorschriften macht. Aber anscheinend ist es das doch nicht. Viele von meinen Freunden haben Eltern, die ihnen ständig im Nacken sitzen. Die hassen ihre Eltern, weil sie ihnen keine Freiheit geben. Manche von meinen Freunden müssen stundenlang verhandeln, damit sie nachts eine Stunde länger wegbleiben dürfen.

Ich kenne auch Mütter, die haben überhaupt keinen Respekt vor ihren Kindern. Ich sitze zum Beispiel mit einem Freund in seinem Zimmer. Die Tür ist zu. Plötzlich platzt seine Mutter rein und fragt irgend etwas Unwichtiges. Sie platzt rein, ohne vorher angeklopft zu haben. Ich wüßte gar nicht, wie ich da reagieren würde, wenn meine Mutter so etwas machen würde. Sie hat bei mir immer angeklopft, und ich bei ihr.

Einige Leute meinen vielleicht, ich wachse zügellos auf. In unserem Haus gibt es welche, die zerreißen sich die Mäuler und sagen, ich dürfe machen, was ich will, weil kein Vater da ist. Das ist Schwachsinn. Wenn man so viel Freiheit hat wie ich, entwickelt man auch Verantwortung.

Ich bin zum Beispiel einer der wenigen aus der Clique, der noch nie Haschisch probiert hat. Die anderen haben zu mir gesagt: »Wenn du damit anfängst, findest du es gut und nimmst es immer wieder.« So weit will ich es gar nicht erst kommen lassen.

Meine Mutter und ich wohnen in einem Ort, wo abends die Busverbindungen sehr schlecht sind. Wenn ich länger weggeblieben bin, mußte ich immer meine Mutter anrufen und bitten: »Kannst du mich abholen?« Das war mir dann ziemlich lästig, und außerdem will ich sie ja auch nicht immer aufscheuchen.

Deshalb habe ich mir im letzten Jahr ein gebrauchtes, leichtes Motorrad gekauft. Das habe ich selbst bezahlt. Dafür habe ich samstags und in den Herbstferien in einem Kaufhaus gearbeitet. Zuerst hatte meine Mutter große Angst, daß ich mich um einen Baum wickeln könnte. Sie hat immer wieder gewarnt und gewarnt: »Fahr vorsichtig, fahr nicht so schnell, paß auf.« Bis ich ihr klargemacht habe, daß ich das nicht mehr hören kann. Ich habe das Motorrad jetzt über ein dreiviertel Jahr und mir ist noch nie etwas passiert. Ich haue mir auch nicht die Birne voll, wenn ich mit dem Motorrad unterwegs bin. Einmal habe ich auf einer Fête ein Glas Bier zuviel getrunken. Da habe ich meine Mutter dann noch spät in der Nacht angerufen und gefragt: »Kannst du mich ausnahmsweise einmal abholen?«

Das war kein Problem, kein Aufstand. Eine halbe Stunde später war meine Mutter da und hat gesagt: »Es war sehr vernünftig, daß du nicht mehr gefahren bist.« Das heißt jetzt aber nicht, daß ich sie immer wieder aus dem Bett klingle. Ne.

Ich weiß aber, daß ich auf sie zurückkommen kann, wenn ich sie brauche. Wir sind schon immer wie Verbündete gewesen. Wenn ich Probleme hatte, oder jemand mir etwas tun wollte, hat sie sich für mich stark gemacht.

Als kleiner Junge habe ich einmal in einem Supermarkt einen ganzen Turm voller Dosen umgekippt. Da ist der Geschäftsführer gerannt gekommen und wollte Ärger machen. »Können Sie denn nicht besser auf Ihr Kind aufpassen?« und so. Ich weiß nicht mehr, was meine Mutter ihm geantwortet hat. Auf jeden Fall hat sie mich vor ihm in Schutz genommen. Das habe ich nicht vergessen.

Ich finde es gut, daß meine Mutter sich nicht von Leuten, die sich als Autorität aufspielen, einschüchtern läßt. Wir lachen uns manchmal beide kaputt, wenn sich Politiker oder andere Leute im Fernsehen wichtig machen. Das sieht echt komisch aus. Wahrscheinlich habe ich auch deshalb keine Angst vor Leuten, die etwas zu sagen haben. Viele Lehrer verteilen ja zum Beispiel Noten nicht nur nach der Leistung, sondern auch nach Sympathie. Der ideale Schüler soll ruhig sein, alles schlucken und keinen Ärger machen. Viele Schüler wagen es deshalb nicht mehr, den Mund aufzumachen.

Bei mir passiert gerade das Gegenteil. Ich gehe dann voll auf Kollisionskurs. Das wirkt sich manchmal unabhängig von der Leistung negativ auf die Noten aus. Das regt mich auf. Ungerechtigkeit kann ich nicht haben.

Als ich klein war, haben sich meine Mutter und ich auch gegen meinen Vater zusammengetan. Ich habe früher unheimlich gerne in ihrem Bett geschlafen. Mein Vater wollte das nicht und hat mich immer zurück in mein Zimmer geschickt. Manchmal bin ich auch nachts aufgewacht. Wenn ich dann gemerkt habe, mein Vater schläft, bin ich ganz leise zu meiner Mutter gegangen. Sie hat dann die Bettdecke zurückgeschlagen, und ich bin zu ihr gekommen. Sie hat mich immer zu sich genommen.

Es heißt ja immer, ein Kind bekommt einen Knacks, wenn die Eltern sich scheiden lassen. Diese These kann ich überhaupt nicht vertreten. Ich habe eigentlich auch gar nichts von der Trennung mitbekommen.

Als ich sechs Jahre alt war, haben meine Eltern mir ganz ruhig erklärt, daß jeder seine eigene Wohnung haben möchte. Ich glaube, sie haben sich einfach miteinander gelangweilt. Mein Vater ist kein besonders aufregender Typ, und meine Mutter war immer sehr lebhaft und neugierig. Sie hatten sich wahrscheinlich nichts mehr zu sagen.

Mein Vater hat dann eine Wohnung genommen, die ein paar Straßen von unserer Wohnung entfernt lag. Wenn ich wollte, konnte ich ihn besuchen, und er ist manchmal auch zu uns gekommen. Meine Eltern haben dann wie ganz normale, vernünftige Leute miteinander gesprochen. Ungefähr ein Jahr später hat mein Vater wieder geheiratet. Mit Gila, seiner neuen Frau, habe ich mich immer super verstanden, wirklich blendend.

Ich mag meinen Vater, aber er ist keine wichtige Person in meinem Leben. Ob ich ihm wichtig bin, weiß ich nicht. Auf jeden Fall finde ich es gut, daß meine Mutter nicht mit ihm zusammenlebt. Dann hätte ich bestimmt nicht so viel Freiheiten wie jetzt. Er versucht ziemlich oft, mir Vorschriften zu machen und Ratschläge zu geben. Ich höre mir das an, und was mir paßt, befolge ich dann auch. Das passiert aber ziemlich selten. Er ist ja eine ganz andere Generation und kann sich gar nicht in mich reinversetzen. Ich habe meistens auch keine Lust, ihm alles lange zu erklären.

Meine Mutter hat außer meinem Vater noch zwei andere Männer gehabt. Der erste hieß Heinz. Bei dem haben wir vier Jahre gewohnt. Der hatte eine Fabrik für Stahlfedern und war so ein richtiger Landmensch, ein Millionär, aber Pfennigfuchser. Wenn wir mit dem essen gegangen sind, mußte man zuerst immer auf die Preise gucken und sich dann etwas Billiges aussuchen. Heinz hätte meine Mutter wahrscheinlich lieber ohne mich gehabt. Andererseits habe ich gedacht: »Meine Mutter gehört mir. Was will der Depp von meiner Mutter? Der nimmt mir meine Mutter weg.«

Das war eine ziemliche Katastrophe. Ich habe wahnsinnigen Terror gemacht. Da hat er dann wohl gemeint, er müsse die Autoritätsperson rauskehren und den Ersatzvater spielen.

Einmal gab es bei uns Hühnchen zum Mittagessen,

und da wollte er, daß ich auch das schwabbelige Zeug mitesse. Das hat mich so wütend gemacht, daß ich das Hühnchen auf den Boden geworfen habe. Er hat mir dann eine geklebt. Da ist meine Mutter aufgesprungen und hat gesagt: »Wenn ihm jemand eine Ohrfeige gibt, bin ich das, aber nicht du.«

Während der ersten Jahre hatte ich ständig Streit mit Heinz. Wenn er mir etwas gesagt hat, bin ich zu meiner Mutter gelaufen und habe gefragt, ob ich das wirklich tun muß. Sie hat sich dann fast immer auf meine Seite geschlagen, auch wenn sie wußte, daß eigentlich Heinz recht hatte.

Es gab bei uns immer zwei Parteien. Auf der einen Seite standen meine Mutter und ich und auf der anderen Heinz. Ich merkte dann, daß ich meiner Mutter wichtiger war als Heinz, und irgendwann tat mir Heinz richtig leid.

Eines Tages sagte meine Mutter zu mir: »Marc, ich komme mit Heinz nicht mehr zurecht. Wir ziehen aus.« Ich war richtig wie vor den Kopf geschlagen. Ich hatte meine ganzen Freunde da, und Heinz hatte mich auch nicht mehr so gestört. Ich hatte mich an ihn gewöhnt und wäre gerne da geblieben.

Aber meine Mutter wollte nicht. Wir haben uns dann eine Wohnung in dem Ort genommen, in dem wir vorher gewohnt hatten. Heinz ist zuerst immer noch zu uns gekommen. Bis meine Mutter gesagt hat: »Besuch uns bitte nicht mehr.«

Ihr zweiter Freund war Schmuckvertreter und furchtbar häßlich, aber eine Seele von Mensch. Der war supernett und hat nie etwas verlangt. Ich habe mich richtig gut mit ihm verstanden. Er hat auch wirklich meine Freundschaft gesucht.

Eines Tages sagte aber Mami auch zu ihm: »Es klappt nicht mit uns. Bitte laß uns Schluß machen.« Da hat er mir so leid getan. In solchen Sachen ist meine Mutter sehr direkt. Wenn eine Beziehung nicht läuft, dann heißt es bei ihr: »Das ist nichts. Wir lassen es lieber.«

Ich könnte nie zu einem anderen Menschen sagen: »Geh weg. Ich mag dich nicht mehr.« Wenn ich bei einem Mädchen merken würde, daß es nichts mehr mit uns ist, dann würde ich ganz ruhig mit ihr sprechen. Vielleicht merkt man ja dann, daß wir doch noch etwas daraus machen können. Aber ich würde mich nicht so hart trennen.

Ich habe Angst davor, daß mir mal ein Mädchen ins Gesicht sagt: »Ich will dich nicht mehr.« Lieber würde ich weggehen, bevor sie mich wegstoßen kann. Auch wenn ich sie noch so sehr mag.

Normalerweise kann Mami unheimlich gut auf Leute eingehen. Wenn eine Freundin ein Problem hat, ist sie voll für sie da. Aber mit Männern kann sie manchmal wirklich rigoros sein. Vor ein paar Jahren hat sie zum Beispiel mit meinem Vater wegen Geld einen Riesenstreit bekommen. Als wir bei Heinz wohnten, hatte sie ziemlich wenig Geld von Papi bekommen. Sie hat damals auch bei Heinz im Büro mitgeholfen und Geld verdient. Aber als sie danach die hohe Miete und die Einrichtung für unsere neue Wohnung bezahlen mußte, brauchte sie mehr Geld. Als Papi ihr das nicht geben wollte, hat sie gesagt: »Ich laufe doch nicht hinter ihm her und bettel'«, und ist zum Gericht gegangen.

Meine Eltern reden jetzt kein Wort mehr miteinander. Früher haben sie sich zum Geburtstag und zu Weihnachten ein Geschenk gemacht, und Mami war sogar mit Gila befreundet. Aber jetzt ... Für mich ist das ganz schön blöd. Ich habe zum Beispiel bald Abschlußball vom Tanzkursus. Die Eltern sollen dann auch hinkommen. Ich weiß gar nicht, wie Mami und Papi das dann machen wollen.

Das ist doch alles ein Wahnsinn. Ich glaube, wenn mein Vater und meine Mutter sich heute auf der Straße begegnen, guckt jeder in eine andere Richtung. Diese Sturheit finde ich ziemlich schlimm.

Vor kurzem habe ich noch einmal versucht, mit meinem Vater darüber zu reden. Aber da hat er gesagt: »Marc, das Thema ist für mich abgeschlossen.« Also gut. Schwamm drüber. Ich kann nicht den Vermittlungsmann spielen.

Dabei braucht meine Mutter das Geld eigentlich gar nicht. Sie verdient ziemlich viel, und wir geben beide mit vollen Händen aus. Auch für Klamotten. Meine Mutter ist ziemlich eitel und kauft sich gerne neue Sachen. Mir geht es genauso. Das habe ich wahrscheinlich von ihr geerbt. Als ich vor kurzem eine neue Jacke anhatte, hat mich einer aus der Klasse gefragt: »Sag mal, was seid ihr eigentlich für Bonzen?«

Ich bekomme so ziemlich alles von meiner Mutter, was ich möchte, und wenn wir zusammen essen gehen, brauche ich nicht auf den Preis zu gucken.

Wenn ich sehe, wie hart meine Mutter dafür arbeiten muß, gibt mir das doch manchmal zu denken. Ich habe manchmal ein richtig schlechtes Gewissen, weil ich mich amüsiere, und meine Mutter hat nichts als einen Haufen Arbeit.

Wenn sie abends nach Hause kommt, ist sie oft total kaputt. Am Wochenende hat sie dann den Haushalt. Wir haben zwar eine Putzfrau, aber sie hat trotzdem noch immer mit der Wäsche und dem anderen viel zu tun.

Ich habe ihr auch schon oft gesagt, daß sie mittags nicht immer nach Hause kommen muß. Ich kann mir selbst sehr gut ein Steak in die Pfanne hauen. Aber das will sie auch nicht. Wahrscheinlich hat sie dann das Gefühl, daß sie nicht richtig für mich sorgt.

Am liebsten wäre mir, sie würde wieder einen Mann kennenlernen. Ich amüsiere mich schließlich auch und bin ständig auf Achse. Warum soll also meine Mutter ihr Leben alleine fristen? Sie soll schließlich auch ihren Spaß haben. In dieser Beziehung bin ich viel offener geworden. Wenn mir ihr Freund nicht gefällt, würde ich ihm aus dem Weg gehen. Ich würde mich nicht mehr in die Beziehung reinhängen.

Allerdings würde ich nicht noch einmal mit meiner Mutter umziehen. Das habe ich ihr auch gesagt. Ich will nicht noch einmal meine Freunde verlieren. Wenn eine Beziehung auf meine Kosten gehen soll, würde ich dagegen rebellieren. Das hört sich vielleicht kraß an, aber so denke ich.

Vor kurzem hat meine Mutter etwas gesagt, was mich unheimlich vor den Kopf gestoßen hat. »Marc, ich möchte, daß du dich darauf einstellst. Wenn du das Abitur hast, ziehst du aus.« So ganz klar hat sie das gesagt. Wie sie zu Männern spricht, die sie loswerden will.

Sie spart sogar auf die Wohnungseinrichtung. Das finde ich wirklich kraß. Damit habe ich mich noch nicht abgefunden. Ich möchte gerne bei ihr bleiben. So, wie ich jetzt mir ihr zusammenlebe, finde ich es echt super. Ich fühle mich echt wohl.

Vielleicht überlegt sie es sich ja noch. Bis zum Abi sind es ja noch drei Jahre. Ich laß' das auf mich zukommen.

## Ein Mann, der Widerstände überwindet
*Clemens Kruska, 34, Bildhauer*

*Er ist ein stiller Kämpfer, der nicht die offene Konfrontation sucht. Miteinander und nicht gegeneinander lautet seine Devise. Er respektiert den anderen, verlangt diesen Respekt aber auch für sich.*

*Wer dagegen verstößt, muß bald erkennen, daß er ihn unterschätzt hat. In Clemens Kruska steckt ein harter Kern. Er ist kein Mann, der die Waffen streckt. Kämpfe führt er mit offenem Visier, aber bis zum Ende. Widerstände zu überwinden ist auch sein Thema als Künstler. Eisen und Stahl sind die Materialien, die er verwendet. Kulturbeauftragte erkennen in seinen Objekten einen Ausdruck unserer Zeit. Die Folge sind Preise und Ehrungen, die bei Clemens Kruska jedoch nur Mißtrauen wecken, denn er schätzt seine Unabhängigkeit über alles.*

Ich habe bis zu meinem vierzehnten Lebensjahr mit meiner Mutter und meinem Bruder in einem Zimmer geschlafen. Da waren die Ehebetten, in denen meine Mutter und mein Bruder schliefen. Mein Bett war unten quer gestellt. Ich war es so gewohnt, und deshalb war es lange Zeit für mich kein ungewöhnlicher Zustand. Das Schlafzimmer war der Raum, in dem die Herde übernachtet.

Mit der Pubertät tauchten dann bei mir sexuelle Fantasien auf. Ich wollte nicht sehen, wie meine Mutter sich auszog, und ich wollte nicht gesehen werden. Ich habe jetzt noch Schwierigkeiten, darüber zu sprechen. In meiner Erinnerung ist da irgendwo ein schwarzes Loch.

Um mich abzukapseln, habe ich die Decke über meinen Kopf gezogen. Da lag ich wie unter einem Zelt. Mein Wunsch nach einem eigenen Zimmer wurde dann aber so extrem, daß meine Mutter mir schließlich einen winzigen Raum zum Übernachten zuwies. Mein Bett hatte kaum Platz, weil dort noch das Klavier meines Bruders stand. Aber ich war wenigstens für mich.

Die Aufklärung meiner Mutter bestand darin, daß sie mir ein Buch gab mit dem Titel ›Wo kommen die kleinen Jungen und Mädchen her‹. Da wußte ich aber schon lange, was abging. Meine Aufklärung hatte dort stattgefunden, wo sie sich in vielen Fällen vollzieht: Auf der Straße. Dort wird man auf sehr unseriöse Art mit der Sache konfrontiert und bringt sich und die Frau in einen sehr schmutzigen Zusammenhang. Liebe wird zu einem mechanischen Vorgang.

Ich hatte meine Mutter jedoch in dieser Beziehung immer als etwas Heiliges betrachtet und sah sie dann besudelt. Ich hatte damit große Probleme.

Auf der anderen Seite haben wir mit Freunden ganz verrückte Sachen gemacht. Als die Eltern eines Freundes verreist waren, haben wir Onanie-Geschichten fotografiert. Wir fanden das sehr interessant. Einmal hat meine Mutter ein Dia gefunden. Da war dann die große Frage, ob ich homosexuell sei. Sie konnte damit überhaupt nicht umgehen.

Ich glaube, daß meine Mutter Angst vor Sexualität gehabt hat. Sexualität hatte für sie etwas mit Aggressivität zu tun, und Aggressivität gehörte in die männliche Welt. Diese Welt muß für sie schon als kleines Mädchen große Ängste hervorgerufen haben.

Ihr Vater war Ulanenoffizier und hatte das heruntergekommene Gut seiner Schwiegereltern wieder auf Vordermann gebracht. Er hatte ein eisernes Regiment geführt. Ich habe ihn noch kennengelernt. Er war ein Mann von unglaublicher Härte.

Meiner Mutter war es zum Beispiel als Mädchen verboten, auf ein Gitter zu steigen. Einmal hat sie sich über das Verbot hinweggesetzt. Beim Wippen auf dem Gitter ist sie dann heruntergefallen und hat sich den linken Arm gebrochen. Mein Großvater hat ihr nicht geholfen. Für ihn war entscheidend, daß seine Anordnungen nicht eingehalten worden waren. Aus Zorn darüber hat er meine Mutter mit einem Gürtel blutig geschlagen. Erst danach hat er sich um ihren Arm gekümmert.

Auch mein Vater war ein Macho, wie er im Buche steht. Ich war fünf und mein Bruder eineinhalb Jahre alt, als er meine Mutter verlassen hat. Meine Mutter ist ihr ganzes Leben nicht damit fertig geworden. Sie hat es nur verdrängt und sich gesagt, er bedeutet mir nichts. Aber sie hat immer mich vor Augen gehabt. Mein Vater war groß und dunkel. Ich sehe ihm sehr ähnlich und bin deshalb immer die Erinnerung an ihn gewesen. Sie hat mich als den älteren Sohn immer mit meinem Vater verglichen. Ich war in unserer Restfamilie der männliche Teil.

Mein kleiner Bruder war wie meine Mutter blaß, blond, blauäugig und sehr schlank. Meine Mutter hat alles getan, um ihn vor einem Abrutschen in die männliche Welt zu bewahren. Es gab bei uns diese Polarisation, wonach das Verhalten meines Bruders immer positiv und meines immer negativ zu werten war. Damit war für mich mein Weg als schwarzes Schaf der Familie eigentlich vorgezeichnet.

Ich fand das ungerecht und habe immer dagegen angekämpft. Der Kampf zwischen meinem Bruder und mir um die Gunst der Mutter hat nie aufgehört. Im Extremfall ist dabei die Wohnungseinrichtung zu Bruch gegangen. Mit Sicherheit war immer ich der Aggressor.

Ständig gab es Prügeleien zwischen meinem Bruder und mir. Ich habe zum Beispiel jeden Pfennig meines Taschengeldes für allen möglichen Quatsch ausgegeben. Mein Bruder hat von seinem Geld Comic-Hefte wie Supermann und Batman gekauft. Dafür hatte er eine Vorliebe. Ich habe mich mit ihm um diese Hefte geprügelt. Für die Mutter sah es dann so aus: Der Kleine spart sich die Heftchen, und dann kommt der Große und klaut sie ihm.

Ich fühlte mich vernachlässigt und unverstanden und habe natürlich auch wahnsinnig nach Beweisen dafür gesucht. Zur Konfirmation bekam ich von meiner Mutter einen silbernen Serviettenring, den ich nicht einmal versetzen konnte. Meinem Bruder wurden dagegen einhundert Mark zugesteckt. Ich hätte natürlich viel lieber das Geld gehabt und empfand das als Zurücksetzung. Das sind alles Kleinigkeiten, aber damals waren es für mich ganz wichtige Dinge.

Um die Ungerechtigkeiten auszugleichen habe ich geklaut wie ein Rabe. Hauptsächlich Zigaretten. Ich fand das völlig korrekt. Ich habe die Rolle des schwarzen Schafes bis zum Exzeß geführt. Meine Mutter und meine Verwandten waren davon überzeugt, daß ich als Schwerverbrecher ende. Ab der achten Klasse haben wir uns nachmittags bei einem Freund getroffen, Hasch oder Wasserpfeife geraucht und sind auf Jimmy Hendrix abgefahren.

Es war für mich eine große Genugtuung, daß meine Mutter wenig von diesen Exzessen mitbekommen hat. Ich habe damals Tagebuch geführt und alles so verschlüsselt dargestellt, daß niemand etwas entziffern konnte. Es ist überhaupt erstaunlich, wie man sich als Kind verstellen kann. Man ist wie eine Pflanze, die sich verschließt, sobald Erwachsene in die Nähe kommen. Ich habe damals trotz aller Exzesse in einer Traumwelt gelebt und die Realität um mich herum gar nicht gesehen. Auch die Situation meiner Mutter habe ich nicht erkannt. Ich habe ihr insgeheim vorgeworfen, daß ich ohne Vater aufwachse und daß es uns finanziell nicht besser geht.

Dabei hat meine Mutter alles getan, um uns keinen Mangel spüren zu lassen. Das Essen war immer gut, und auch auf unsere Kleidung hat sie sehr viel Wert gelegt.

Ich kann heute nur staunen, wie sie das damals alles geschafft hat.

Meine Mutter hat ganztägig als leitende Sekretärin in der amerikanischen Botschaft gearbeitet. Abends hat sie sich noch Arbeit mit nach Hause genommen. Ich sehe sie vor mir, wie sie nächtelang dasaß mit dem Kopfhörer und dem Tonband und Übersetzungen machte.

Zwischendurch hat sie noch den Haushalt erledigt. Mein Bruder und ich waren wie Paschas. Wir haben keinen Finger krumm gemacht und uns von vorne bis hinten alles bringen lassen. Meine Mutter hat uns bedient und aufgetafelt und wieder abgeräumt und abgewaschen. Haushalt war Frauensache. So hatte sie es gelernt.

Mit fünfzehn Jahren habe ich mit Freunden Mopeds zusammengebaut. Damit sind wir, ohne Fahrerlaubnis und ohne versichert zu sein, rumgebrettert. Eine Streife auf dem Wiesbadener Hauptbahnhof hat uns dann festgenommen, und wir wurden dem Jugendrichter vorgeführt. Das Urteil lautete, daß ich mich schleunigst um eine Ausbildung zu kümmern hätte.

Mit meiner Mutter hatte ich inzwischen ein so gespanntes Verhältnis, daß ich keine Lust mehr hatte, bei ihr zu bleiben. Die Schule mußte ich auch verlassen. Ich war dort nach wiederholtem Versuch, in die zehnte Klasse aufgenommen zu werden, gestrandet. Ich habe nie Abitur gemacht.

Meine Mutter hatte mir über Jahre damit gedroht: »Wenn du dich nicht änderst, kannst du zu deinem Vater gehen.« Nach dem Gerichtsurteil habe ich sie damit konfrontiert, daß ich vorhabe, genau das zu tun. Ich habe ihr gesagt, daß ich zu meinem Vater ziehe und meine Ausbildung in dem Ort mache, in dem er wohnt. Das lag gut zweihundert Kilometer von dem Wohnort meiner Mutter entfernt.

Meine Entscheidung hat meiner Mutter das Blut aus dem Gesicht getrieben. Ich habe gesehen, wie blaß sie wurde. Aber ich verstand damals nicht, was für einen Schmerz dies für sie bedeutet hat. Ich bin zu meinem Vater gezogen und fand das durchaus in Ordnung.

Ich hatte meinen Vater sieben Jahre nicht gesehen, aber ich hatte immer ein sehr starkes Vaterbild in mir getragen. Das stammte noch aus der Zeit, als ich klein gewesen war, und mein Vater mich vom Kindergarten abgeholt hatte. Ich saß dann vor ihm auf dem Fahrrad, und wir sind zusammen durch den Stadtwald nach Hause gefahren. Dieses Vaterbild hat mein Leben bis zum heutigen Tag bestimmt.

Mein Vater war Maler und Grafiker von altem Schrot und Korn. Nach der Trennung von meiner Mutter hatte er wieder geheiratet und zwei Söhne bekommen. Seine Frau hatte, als ich zu ihnen kam, gerade ihre Gesangsausbildung absolviert. Viel Geld war nicht da. Wir haben beim Kaufmann anschreiben lassen, und es gab Zeiten, in denen ich meine Haferflocken mit den Mäusen geteilt habe.

Ich habe dann bei einem Freund meines Vaters eine Ausbildung als Technischer Zeichner für Maschinenbau gemacht und gleichzeitig bei meinem Vater so eine Art Volontärzeit als Grafiker gehabt. Um uns zu versorgen, haben wir alle möglichen Sachen gemacht: Signets und Karten für Dörfer und Gemeinden. Wir haben manchmal nächtelang durchgeschafft. Am nächsten Tag hat mein Vater mich in meinem Betrieb als krank gemeldet. Wir waren da völlig solidarisch.

Ich habe mich bei meinem Vater wie befreit gefühlt. Mein Vater war ein Mann, und ich war wie er. Die männliche Welt war nicht mehr negativ, wie meine Mutter sie dargestellt hatte, sondern absolut positiv und erstrebenswert. Ich fühle mich meiner Mutter sehr fern. Mein Vater und ich sind uns dagegen sehr nah gekommen. Wir haben bis spät in die Nacht Gespräche geführt. Ich konnte ihm alles sagen, was ich meiner Mutter nie gesagt hatte. Ich habe ihm mein Leben erzählt, und er hat mit mir über seine Erfahrungen während der Kriegsgefangenschaft gesprochen.

Wenn er es für erforderlich hielt, konnte mein Vater sehr hart sein. Ich habe mich in meinem Leben nie einem Zwang unterworfen. Ich bin immer dagegen angegangen. Dem Druck, den mein Vater auf mich ausgeübt hat, habe ich mich jedoch freiwillig ausgesetzt. Wahrscheinlich habe ich die Autorität gesucht, die meine Mutter nie auf uns ausgeübt hat. Mein Vater konnte mir tatsächlich etwas sagen.

Oft waren seine Maßnahmen völlig unverständlich. So gehörte es zu meinen Aufgaben, für ein Welshpony zu sorgen, das sein Besitzer uns aus wirtschaftlichen Gründen überlassen hatte. Weil wir auch kein Geld für Futter hatten, mußte ich abends immer mit der Sense und einem kleinen Fahrradanhänger los zum Futterschneiden. Einmal haben mein Vater und ich uns deshalb gestritten, und als ich wegging, hörte ich hinter mir etwas durch die Luft schwirren. Ich habe mich sofort fallen lassen. Im gleichen Moment flog ein dicker Ast über mich hinweg, den der Alte mir nachgeworfen hatte.

Ich bin von meinem Vater schließlich weggegangen, weil seine zweite Frau mir keine andere Wahl gelassen hat. Sie war sehr eifersüchtig auf das enge Verhältnis zwischen meinem Vater und mir und hat sich alle möglichen Kapriolen einfallen lassen, um mir das Leben schwerzumachen.

Im Vergleich mit ihr habe ich gelernt, meine Mutter aus einem anderen Blickwinkel zu sehen. Sie erschien mir wie ein ruhender Pol. Ich hatte sie während der Jahre, die ich bei meinem Vater verbrachte, in Abständen von ein paar Monaten immer wieder besucht. Sie hat mich dann mit einer unendlichen Mütterlichkeit aufgenommen und mir immer wieder signalisiert, daß ich jederzeit zu ihr zurückkommen könne. Mir ist dann klargeworden, daß sie mich nicht ablehnt, sondern daß sie mich trotz allem, was zwischen uns vorgefallen war, liebt.

Ihr Vorschlag war, daß sie, ich und mein Bruder ein Haus kaufen und zusammen darin wohnen. Sie wollte uns so eine Art Refugium geben, nehme ich an. Ich war dagegen. Mein Bruder hat aber dafür gestimmt, und so habe ich mich der demokratischen Entscheidung gefügt. Ich hatte damals angefangen, als Fernfahrer zu arbeiten und habe den Löwenanteil meines Verdienstes in das Haus gesteckt.

Kurz nachdem wir in das Haus gezogen sind, ist meine Mutter an Brustkrebs erkrankt. Ich konnte damit gar nichts anfangen. Ich habe das völlig verdrängt und so getan, als gäbe es die Krankheit nicht.

Meine Mutter hatte mich inzwischen als Mann akzeptiert, der seine eigenen Entscheidungen trifft und sich nicht in die Karten gucken läßt. Ich habe mich dann benommen wie ein Macho. Trotz ihres Protestes habe ich geraucht, habe mich bedienen lassen und im übrigen mein Leben gelebt.

Drei Jahre nach unserem Einzug ist meine Mutter gestorben. Ich war überhaupt nicht auf ihren Tod vorbereitet. Erst als ich nichts mehr ändern konnte, ist mir bewußt geworden, was ich an meiner Mutter verloren habe. Und je mehr Jahre vergehen, desto klarer wird mir, was wir alles versäumt haben. Ich bin ihr Sohn, und wir haben uns nie richtig kennengelernt. Ich kannte sie nicht, und sie kannte mich nicht. Gespräche mit Menschen bedeuten mir so viel, und mit meiner Mutter habe ich mich nie über wichtige Dinge unterhalten. Ich bin dabei sicher, daß wir uns sehr viel zu sagen gehabt hätten.

Mir krampft sich das Herz zusammen, wenn ich daran denke, wieviel Kummer und Leid ich ihr zugefügt habe. Das kann ich nie mehr bereinigen.

Rückblickend bedeutet meine Mutter für mich das Behütet- und Aufgefangensein. Sie hat mich in jeder

Situation, auch wenn schlimme Dinge vorausgegangen waren, immer wieder mit einer unermeßlichen Mütterlichkeit angenommen.

Mein Vater hat mir dagegen Grenzen gezeigt und mir die Welt erklärt. Er hat mich gezwungen, eigene Kräfte zu mobilisieren und mich auf sie zu verlassen.

Diese Beziehung zu unserem Vater hat mein Bruder nie erfahren. Die beiden waren sich ein Leben lang fremd. Um so enger war mein Bruder mit unserer Mutter verschmolzen. Er hat sich bis heute nicht aus dieser engen Beziehung lösen können.

Nach dem Abitur hatte er angefangen, Mathematik und Physik zu studieren. Nach der Erkrankung unserer Mutter hat er sein Studium jedoch an den Nagel gehängt und unsere Mutter versorgt. Als sie ins Krankenhaus kam, hat er erwirkt, daß ein Bett für ihn in ihr Zimmer gestellt wird, damit er auch nachts bei ihr sein kann. Er war bis zu ihrem letzten Atemzug bei ihr.

Der letzte Wille meiner Mutter lautete, daß sie nicht obduziert wird. Auf dem Friedhof haben mein Bruder und ich darauf bestanden nachzuprüfen, ob dem letzten Wunsch unserer Mutter entsprochen worden war. Wir hatten erfahren, daß bei uns mit dem Tod von Menschen etwas verbunden ist, über das viel zu wenig Kenntnis besteht. Danach gibt es einen Handel mit ganzen Menschen und mit Teilen von Menschen. Es gibt sogar Gesetze, ab wann ein Mensch nicht mehr Mensch ist, sondern zu einer Sache wird. Wir haben alles mobil gemacht, aber man hat uns verweigert, den Sarg noch einmal zu öffnen.

Die Ungewißheit, was aus unserer Mutter geworden ist, hat bei meinem Bruder so tief gewirkt, daß er in eine religiöse Phase geraten ist. Er hat sich auf unseren Dachboden gesetzt, der nicht ausgebaut war, und die Bibel gelesen. Ich hatte damals mit meinem Studium der Kunst angefangen und habe innerlich abgeblockt. Ich habe gemerkt, daß mich das Verhalten meines Bruders in eine Richtung zieht, in die ich nicht wollte.

Nach ein paar Monaten hat mein Bruder dann sein Studium in Berlin wieder aufgenommen und einmal im Monat angerufen. Irgendwann blieb der Anruf aus, und als mein Bruder verschollen blieb, bin ich zur Kriminalpolizei gegangen. Dadurch kam heraus, daß mein Bruder von seiner Wirtin wegen seines Klavierspielens auf die Straße gesetzt und obdachlos geworden war. Das ist jetzt sechs Jahre her, und seitdem hat mein Bruder sein Studium nicht wieder aufgenommen. Er ist so verschlossen, daß er keinen Kontakt mit anderen Menschen haben will.

Die Sorge um ihn hat in mir das Gefühl geweckt, was es heißt, einen Bruder zu haben und verwandt zu sein. Ich habe ihm gegenüber eine Art Beschützerinstinkt entwickelt. Ich versuche ihm zu geben, was ich geben kann, materielle Dinge und moralische Unterstüzung. Mein Bruder war der Mensch, den meine Mutter am meisten geliebt hat. Was ich für ihn tue, tue ich auch für sie.

Nach dem Tod unserer Mutter habe ich mir viele ihrer Wertmaßstäbe zu eigen gemacht. Die Familie hatte für meine Mutter immer an erster Stelle gestanden. Auch in meinem Leben nimmt die Familie den ersten Platz ein.

Meine Mutter wollte immer, daß ich eine Deutsche oder Amerikanerin heirate. Ich habe mich jedoch mit zwanzig Jahren in eine Indonesierin verliebt. Meine Mutter hat S., meiner Freundin, sehr skeptisch gegenüber gestanden und damit auch nicht hinter dem Berg gehalten. Ich habe das als Herabsetzung von S. empfunden und fühlte auch mich nicht ernstgenommen.

Einer der Gründe, weshalb S. mich fasziniert hat, war ihre enge Beziehung zu ihrer Familie. Sie hat über Jahre ihre Eltern und ihre Geschwister von Deutschland aus unterstützt.

Wir hatten uns im Krankenhaus kennengelernt. Ich habe dort meinen Ersatzdienst geleistet. Nach den Kriegsberichten meines Vaters stand für mich fest, daß ich nicht zur Bundeswehr gehen würde. S. ist Krankenschwester und im Herbst bei uns eingetroffen. Sie hat von Anfang an gezeigt, daß sie eine sehr selbstbewußte Person ist, die sich sehr gut in der ungewohnten Umgebung zurechtfindet. Sie hat mich auch keineswegs mit offenen Armen empfangen. Ich mußte mich sehr engagieren. Die negative Reaktion meiner Mutter hat noch dazu beigetragen, daß ich S. unbedingt für mich gewinnen wollte.

Trotzdem hatte ich große Angst, mich an sie zu binden. Mir stand immer die Trennung meiner Eltern vor Augen. Ich habe meine Angst überspielt, indem ich sehr aktiv war und eine Menge Freundinnen hatte. Als ich von einer Reise zurückkam, bin ich von S. und der damaligen Konkurrentin erwartet worden. Endlich war ich gezwungen, Farbe zu bekennen. Ich fürchtete mich vor einer Bindung, von der ich wußte, daß sie endgültig sein würde, aber ich wußte zugleich, daß ich nicht mehr ohne S. leben wollte.

1984 haben wir geheiratet, und es hat danach nie wieder eine andere Frau für mich gegeben. Ehebruch ist für mich eine ganz schlimme Sache. Es bedeutet, daß man das Vertrauen bricht. Ich finde es sehr schlimm, daß heute alles erlaubt ist, was man sich denken kann. Das wird dann in einen emanzipatorischen Zusammenhang reingebastelt, und dabei vergißt man, daß Begriffe wie Treue und Vertrauen seit Jahrtausenden die Gesellschaft zusammengehalten haben. Aber wenn man das ausspricht, wird es als Rückschrittlichkeit und tiefstes Mittelalter angesehen. Ich habe jedoch an dem Leiden meiner Mutter gesehen, daß es auf dem Gebiet keine Moden gibt und Menschen an Treulosigkeit kaputtgehen können. Ich will jetzt nicht arrogant über das Verhalten meines Vaters befinden. Das steht mir nicht zu. Ich kann nur versuchen, es anders zu machen.

Seit fünf Jahren bin ich selbst Vater. Ich würde meiner Tochter nie die Wunde zufügen und sie verlassen. Den

Wert meiner Frau und meiner Tochter habe ich erkannt, als ich dachte, daß ich sterben muß. Das war sieben Jahre nach dem Tod meiner Mutter. Sieben Jahre vorher war mein Vater an Lungenemphysem gestorben. Es hätte also vom Zeitablauf her gepaßt.

Ich habe mit 30 Jahren einen Herzinfarkt gehabt. Medizinische Risikofaktoren sind bei mir ausgeschlossen worden. Der Infarkt hängt mit den Anstrengungen zusammen, die ich ganz bewußt auf mich genommen habe, um meinen Rahmen abzustecken. S. und ich hatten ein Jahr vorher geheiratet und eine Wohnung eingerichtet. Dann hatte ich mein Studium an der Akademie, verschiedene Jobs, um Geld zu verdienen, und war sportlich sehr aktiv. Ich habe an den deutschen Karate-Meisterschaften teilgenommen. Beim Training ist es dann passiert.

Auf der Intensivstation hatte ich große Angst. Wohin geht die Reise? Wo endet sie? Ich habe mich meiner Mutter und meinem Vater unglaublich nah gefühlt. Es war nur eine ganz dünne Schicht, die uns voneinander getrennt hat. Ich dachte, vielleicht muß ich gehen, ohne meine Aufgabe meiner Familie gegenüber erfüllt zu haben. Das war für mich ganz schrecklich.

Das Erlebnis mit dem Tod hat mich dazu gebracht, mich mit Religion auseinanderzusetzen. Seitdem habe ich keine Angst mehr zu sterben. Durch meine Eltern bin ich kaum mit einem Glauben in Berührung gekommen. Meine Mutter hat sich bei besonderen Anlässen ihren Persianermantel angezogen und dann sind wir halt in die Kirche gegangen. Das war eher ein gesellschaftliches Ereignis als ein Bedürfnis.

Meine Frau ist jedoch gläubiger Moslem, und durch sie habe ich den Islam kennengelernt. Zuerst war es einmal ein Staunen darüber, was Islam überhaupt ist. Für die Deutschen hat er ja etwas Türkisches und Fremdes. Es hat immer etwas mit Rückschrittlichkeit und Dummheit zu tun. Aber es ist ganz anders. In den 114 Suren des

Korans sind die Welt und das Universum beschrieben. Mich hat fasziniert, daß alles, was im Koran steht, mit den meisten Erkenntnissen der Wissenschaft übereinstimmt.

Wenn ich jemandem sage, daß ich Muslim bin, wird oft das schwere Geschütz aufgefahren, wonach Frauen im Islam geknechtet seien. Auch das stimmt nicht. Es heißt im Koran, die einen sind das Kleid des anderen. Das ist für mich ein sehr schönes Bild. So empfinde ich auch die Beziehung zwischen meiner Frau und mir.

Ich habe Frauen immer Männern als ebenbürtig angesehen. Etwas anderes wäre mir nie in den Sinn gekommen. Ich habe ja mitbekommen, was meine Mutter geleistet hat, und ich sehe es auch an meiner Frau. S. ist seit Jahren Oberschwester in einem großen Krankenhaus. Sie verdient damit den größten Teil des Unterhaltes für unsere Familie. Wenn wir nur auf meine Einkünfte als Künstler angewiesen wären, würden wir verhungern. Um meiner Frau nicht alles aufzubürden, arbeite ich zehn Tage im Monat als Museumsaufseher. Diese Möglichkeit, Geld zu verdienen, hat unter Künstlern Tradition. Es gibt eine ganze Menge Maler und Bildhauer, die Wächterdienste gemacht haben.

Der Pascha, den ich früher bei meiner Mutter gespielt habe, bin ich schon lange nicht mehr. Meine Frau hat mir ziemlich schnell und deutlich nach unserer Hochzeit erklärt, daß ich derartige Allüren abzulegen habe. Wenn meine Verwandten uns besuchen, können sie sich nicht genug darüber wundern, was ich heute alles im Haushalt mache.

Ich sehe mein Leben in einer Entwicklung. Der Begriff Entwicklung sagt ja, daß etwas aneinanderhängt und sich langsam aufwickelt. Ich wachse und lerne mit meiner Tochter. Sie hat mir wieder gezeigt, wie ein Kind die Welt sieht. Ich hatte das vergessen. Das kommt jetzt wieder, und ich werde es mit Sicherheit wieder vergessen. Bei mir im Herzen wird sich jedoch etwas Wesentliches absetzen und bleiben.

In meiner Tochter erkenne ich auch meine Mutter als kleines Mädchen wieder. Kleine Mädchen sind ja so empfindlich. Ich kann ermessen, welche Angst meine Mutter vor ihrem Vater gehabt haben muß. Diese Angst hat ihr ganzes Leben und ihr Verhalten mir gegenüber bestimmt. Mir ist dadurch bewußt geworden, wie wichtig es für Mädchen ist, daß sie einen Vater haben, den sie lieben und der sie beschützt. Ich möchte nie, daß meine Tochter vor mir Angst hat.

Sie soll auch später nicht sagen, was ich heute von meiner Mutter sage: »Es ist unendlich traurig, daß wir uns nie kennengelernt haben.« Ich spreche viel mit ihr und versuche ihr die Welt zu erklären. Sprache ist für mich heute etwas ganz Wichtiges. Es gibt jedoch Zeiten, da macht sich bei mir eine Frustration breit. Obwohl ich nie ganz ohne Hoffnung bin, holt mich dann die wirtschaftliche Hoffnungslosigkeit ein. Ein frohes und quicklebendiges Kind wie meine Tochter ist dann manchmal im Weg. Ich habe ihr nie etwas angetan. Höchstens einmal einen Klaps auf den Po. Das hat sie dann akzeptiert.

Ich muß Geduld haben. Ganz wichtige Dinge muß ich zur Zeit sein lassen. Mir wurde schon mehrmals ein Stipendium angeboten. Ein Stipendium heißt, daß ich an einem anderen Ort auf anderer Leute Kosten künstlerisch arbeiten kann. Ich habe das abgelehnt, weil es mir zur Zeit noch wichtiger ist, mit meiner Frau und meiner Tochter zusammen zu sein. Ich habe in erster Linie eine Verantwortung für meine Familie und bin in zweiter Linie Künstler. Das wird sich irgendwann ändern.

Ich habe immer gewußt, daß ich Künstler bin. Als Kind habe ich Comics gezeichnet und die Probleme reingebracht, die meine Mutter und ich miteinander hatten. Mit 26 bin ich in die Akademie aufgenommen worden. Ich hatte dort einen Professor, dem ich eine fruchtbare künstlerische Entwicklung verdanke und den ich wie einen Vater liebe. Meine Objekte sind aus Stahl und Eisen, also Materialien, die mir einen Widerstand geben. Ich habe jetzt eine längere Pause gemacht, aber das ist keine verlorene Zeit. Die Entwicklung in mir geht weiter. Das hört nie auf. Manchmal denke ich sogar, ich stehe erst am Anfang einer langen Entwicklung.

## Wir sind uns fremd geblieben

*Heiko Frisenius, 29, Steward*

*Wir lernten uns bei Freunden kennen. Er kam mir vor wie einer jener Sunny-boys, die es oft in der Fliegerei gibt. Viel Oberfläche, viel Small talk, ein bißchen Witz, ein bißchen Angabe. So auf die Tour: »Übermorgen muß ich schon wieder nach Rio« und »Hemden kann man doch nur in Rom kaufen«.*

*Ein paar Wochen später traf ich ihn in einer Ausstellung mit Bildern des Malers Eugène Delacroix wieder. Er fragte mich, was ich von den Bildern halte. Als ich ihm gestand, daß mir noch der Zugang dazu fehle, bot er sich mir als Führer an. Einen fachkundigeren und sensibleren Interpreten als ihn hätte ich mir nicht wünschen können. Er machte mich auf die Schönheit, das Leid, die Trauer und die Einsamkeit aufmerksam, die sich auf den dargestellten Gesichtern ausdrückte. Während er sprach, begann ich, ihn mit anderen Augen zu sehen. Die glatte Oberfläche des Sunny-boys bekam Risse. Später haben wir zusammen im Museumsrestaurant einen Kaffee getrunken. Da meinte er dann: »Es gibt unter den älteren Frauen so einen bestimmten mütterlichen Typ, zu dem ich mich unwahrscheinlich hingezogen fühle.« Meinte er damit etwa mich?*

Es wäre für mich wesentlich einfacher, über meinen Vater zu sprechen. Er ist für mich bis heute ein Vorbild geblieben. Die Leute sagen ja auch, daß ich im Aussehen und von meiner ganzen Art her sein Abklatsch sei. Ich bin ein Vater-Sohn.

Meine Mutter habe ich immer mit großem Abstand gesehen. Ich habe mich von ihr immer lieber ferngehalten und könnte aus dem Stegreif vier oder fünf Frauen nennen, die mir näher stehen als meine Mutter.

Sie ist eine sehr emanzipierte Frau und mehr vom Kopf als vom Bauch her gesteuert. Zum Beispiel hatte sie einen Spruch: »Problem erkannt, Problem gebannt.« Unsicherheiten oder ›Erst-mal-sehen-was-kommt‹ gibt es für sie nicht. Alles muß glasklar und genau geplant sein. Ihr Leben verläuft nach einem genauen Zeitplan. Da gibt es kein Stehenbleiben und kein Ausrasten.

Ich mußte bis etwa zu meinem zehnten Lebensjahr um acht Uhr im Bett liegen. Wenn ich die Decke über mich gezogen hatte, kam sie dazu, setzte sich auf einen Stuhl neben mein Bett und las mir eine Viertelstunde lang vor. Auch wenn die Geschichte oder das Märchen noch nicht zu Ende war, klappte sie Punkt Viertel nach acht das Buch zu. Kuß, ›Schlaf schön‹, Licht aus, Schluß.

Früher war meine Mutter hellblond und sehr schlank. Jetzt hat sie weiße Strähnen, die sie auch nicht einfärbt. Sie ist ein bißchen knochig geworden. Auf Fotos von früher hat sie ein rundes und eher weiches Gesicht. Etwa ab ihrem dreißigsten Lebensjahr zeigt ihr Gesicht einen entschlossenen und energischen Ausdruck. Sie erweckt den Eindruck, als stehe sie ständig unter inneren Spannungen. Das überträgt sich natürlich auf ihre Umgebung. Ich bin zum Beispiel in ihrer Gegenwart nie wirklich entspannt, sondern habe immer eher den unangenehmen Eindruck, innerlich strammstehen zu müssen.

Wenn ich das so sage, hört es sich an, als sei meine Mutter so eine Art Mann-Weib. Das ist ganz und gar nicht der Fall. Sie kann ausgesprochen charmant sein, und sie kleidet sich auch sehr schick und teuer. Vielleicht kann ich als Quintessenz sagen: Meine Mutter ist sehr gepflegt und sehr erfolgreich, aber ihr fehlt das, was man eine frauliche Ausstrahlung oder ganz einfach Sex nennt.

Ich bin in Spanien gezeugt worden. Meine Eltern hatten sich dort während eines Urlaubs kennenglernt. Meine Mutter war 25, mein Vater zehn Jahre älter. Meine Mutter war ausgebildete Kosmetikerin, hatte dann aber angefangen, in einem Reformhaus zu arbeiten. Mein Vater hatte Volkswirtschaft studiert und starke Ambitionen für den Kunsthandel.

Er war, wie er mir später erzählte, nach Spanien gereist, um einige Maler zu besuchen, die er auf einer Kunstmesse kennengelernt hatte. Auf der Rückfahrt hatte er einige Tage an der Küste Station gemacht. Dabei ist er dann meiner Mutter begegnet. Diesem Umstand habe ich mein Leben zu verdanken. Was dann passiert ist, kann ich mir nur aus Bruchstücken zusammenreimen, die ich im Laufe der Jahre aufgeschnappt habe.

Mein Vater hatte sich wohl im gleichen Urlaub mit einer anderen Frau angefreundet. Daraufhin ist es zwischen meinen Eltern zum Bruch gekommen. Ich bin unehelich geboren. Mein Vater hat für mich bezahlt, aber ich habe ihn während der ersten sechs Jahre meines Lebens nicht zu Gesicht bekommen.

Im Grunde bin ich auch ohne Mutter aufgewachsen. Sie hat mich in einer Klinik in Hamburg auf die Welt und ein paar Tage später zu ihrer Mutter in ein Dorf in der Lüneburger Heide gebracht. Alle zwei Wochen tauchte sie dort pünktlich zum Mittagessen auf und blieb ein paar Stunden. Ich kann mich nicht erinnern, daß sie einmal bei meiner Großmutter und mir übernachtet hat. Für mich war sie bei jedem Besuch wieder wie eine fremde Frau. Ihre Zärtlichkeit, die immer etwas Gewolltes hatte, erschreckte mich. Ich hatte Angst davor und versuchte immer, meiner Mutter nicht zu nah zu kommen. Das hat sich auch nie geändert. Es ist für mich heute noch ein Willensakt, meine Mutter in den Arm zu nehmen. Ich habe noch nie einer Frau die Hand geküßt. Aber wenn ich an meine Mutter denke, tut es mir leid, daß diese Sitte ausgestorben ist. Ein Handkuß würde die Distanz schaffen, die ich gerne zwischen sie und mich legen möchte.

Das Verhältnis zwischen meiner Mutter und meiner Großmutter war auch nicht gerade das herzlichste. Das Lieblingskind meiner Großmutter war zweifellos mein Onkel. Der hatte eine Schreinerei am Ort, sang bei der Arbeit und kloppte gern einen Skat. Die kühle, immer ein wenig gestelzte Art meiner Mutter war meiner Großmutter wohl nie ganz geheuer. Ihr ging es wie mir. Sie konnte erst wieder richtig durchatmen, wenn meine Mutter nach Hamburg zurückgefahren war.

Meine Großmutter war früh Witwe geworden und ist jetzt schon seit zehn Jahren tot. In meiner Erinnerung lebt sie als so eine Art Urmutter weiter. Sie war liebevoll, klein und ziemlich dick, weil sie gerne aß. Hinter dem Haus meines Onkels lag ein großer Garten, den meine Großmutter bewirtschaftete. Sie züchtete darin nicht nur Gemüse und Kräuter, sondern zog Lilien und Rosen. Sie hatte eine Hand für Pflanzen und nannte mir ihre Namen. Die meisten habe ich vergessen. So wunderschöne Namen wie Frauenschuh und Storchenschnabel sind mir aber in Erinnerung geblieben.

Im Sommer vor meiner Einschulung war das beschauliche Leben bei meiner Großmutter zu Ende. Meine Eltern hatten sich nach Jahren wiedergetroffen, es war zur Versöhnung gekommen und sie hatten geheiratet. Mein Vater hatte zwei Jahre vorher eine Galerie für zeitgenössische Kunst aufgemacht. Meine Mutter war Leiterin des Reformhauses geworden, in dem sie vorher als Verkäuferin gearbeitet hatte. Sie kam nie vor sieben Uhr abends nach Hause. Mein Vater hatte oft bis spät in die Nacht in der Galerie zu tun oder traf sich mit Künstlern und Kunden. Entsprechend oft blieb ich mir selbst überlassen. Wenn ich jetzt ganz in die Tiefe gehen soll, dann merke ich, daß ich mich, als ich klein war, doch sehr verlassen gefühlt habe. Sogar jetzt kommt noch ein Gefühl von Bitterkeit in mir hoch. Aber Schwamm drüber. Es ist vorbei.

Es fällt mir schwer, die Ehe meiner Eltern zu beurteilen. Sie waren sehr verschieden, aber irgendwie haben sie sich wohl gegenseitig ergänzt. Künstlerisch veranlagte Menschen wie mein Vater suchen sich ja oft Frauen, die mit beiden Beinen fest im Leben stehen. Andererseits haben sehr realitätsbezogene Frauen wie meine Mutter oft eine Schwäche für Männer, die so ein bißchen über dem Boden schweben.

Mit meiner Mutter bin ich, auch als wir zusammenlebten, und ich sie jeden Tag sah, nicht warm geworden. Sie hat mir nie etwas getan, mich nie geschlagen oder angeschrien. Dafür war sie viel zu beherrscht. Vielleicht liegt es tatsächlich daran, daß sie für mich immer Kopf und nie Bauch war. Es fällt mir zum Beispiel heute noch schwer, Sexualität mit ihr in Verbindung zu bringen.

Als ich ungefähr zwölf Jahre alt war, habe ich ein blutiges Höschen von ihr im Badezimmer gefunden. Sie hatte es dort wahrscheinlich vergessen oder was weiß ich. Ich wußte zwar über Menstruation Bescheid, aber das Blut war für mich doch ein ungeheurer Schock. Meine Mutter und Blut. Das paßte nicht zusammen.

Menstruierende Frauen sind für mich immer ein Grauen geblieben. Ich weiß, daß es Männer gibt, die gerade während der Zeit gerne mit einer Frau schlafen, und daß auch viele Frauen es dann besonders genießen. Furchtbar. Ich könnte keine Frau anfassen, die ihre Tage hat. Das erweckt in mir den Eindruck von Wunde, ähnlich wie eine Krankheit. Ich könnte auch nie mit einer Frau zusammensein, die irgendwelche Verletzungen oder Ausschläge oder etwas in der Art an sich hat.

Ich habe einmal ein halbes Jahr lang mit einem Mädchen zusammengelebt, die mir sehr viel bedeutet hat. Das ging auseinander, weil sie ständig unter Scheidenentzündung litt.

Ich will das jetzt nicht alles auf das Höschen meiner

Mutter schieben. Tatsache ist jedoch, daß ich nur mit absolut gesunden Frauen schlafen kann.

Zu meinem Vater hatte ich eine vollkommen unkomplizierte körperliche Beziehung. Meine Mutter hat ja nie aufgehört zu arbeiten. Sie mußte morgens gegen acht Uhr aus dem Haus. Wenn ich später Schule hatte, lag ich dann noch im Bett. Mein Vater eröffnete die Galerie erst um zehn Uhr und stand nie vor neun Uhr auf. Sobald meine Mutter die Haustür hinter sich geschlossen hatte, rannte ich zu meinem Vater, und dann haben wir wie toll im Bett getobt.

Mein Vater hat mich genauso geliebt wie ich ihn. Als ich älter wurde, hat er mich mitgenommen zum Surfen und Bergwandern. Er hatte einen alten grünen Sportwagen. Mit dem sind wir zusammen über die Autobahn gerast. Ein paarmal haben wir bei diesen Ausfahrten Frauen getroffen, die mein Vater offensichtlich gut kannte. Ich muß wohl schon als Kind gespürt haben, daß meine Mutter nichts davon wissen durfte, denn ich habe ihr gegenüber nie etwas von diesen Frauen erwähnt.

Im Grunde waren mein Vater und ich mehr Freunde als Vater und Sohn. Ich habe von ihm widerspruchslos alles akzeptiert, während ich mich über die Anordnungen meiner Mutter ganz bewußt hinweggesetzt habe.

Als ich noch bei meiner Großmutter lebte, hätte ich das nicht gewagt. Später hatte ich aber irgendwie das Gefühl, durch meinen Vater Rückenwind zu kriegen.

Meine Mutter und ich führten einen ständigen Kleinkrieg. Sie hatte sehr genaue Vorstellungen, was für Kinder gut und was schlecht ist. Gut waren gute Bücher, Vollkornnahrung, Hausaufgaben. Schlecht waren Fernsehen, Süßigkeiten, Comics. Als ich älter wurde, kamen Discos und Abendvorstellungen im Kino dazu. Meine Mutter hat durchgedrückt, daß ich das Moped nicht bekam, das mein Vater mir schenken wollte. Wegen jedem Schulzeugnis hat es zwischen uns Zirkus gegeben.

Ich habe den gleichen Freiheitsdrang wie mein Vater und hatte deshalb immer Schwierigkeiten mit Lehrern. Ich konnte mich nicht unterordnen. Je weniger ich mit einem Lehrer zurechtkam, desto schlechter war ich in dem Fach, das er unterrichtete. Ein paarmal stand ich kurz davor, von der Schule zu fliegen. Meine Mutter hat mir dann immer tagelang Vorhaltungen gemacht. Äußerlich blieb sie dabei ganz kühl, ganz beherrscht. Ich habe dieses Verhalten immer als unehrlich empfunden. Es wäre mir lieber gewesen, sie hätte einmal auf den Tisch gehauen oder gebrüllt. Aber das hat sie nie gemacht. Wahrscheinlich hätte sie dann vor sich selbst das Gesicht verloren.

Ich habe immer wieder versucht, sie endlich einmal aus der Reserve zu locken, und war oft frech und unverschämt zu ihr. Sie hat sich aber nie zu einer unüberlegten Handlung hinreißen lassen.

Dabei habe ich oft sehr genau gespürt, wie nervös sie innerlich war. Nach außen hin hat sie immer alles im Griff, aber in Wahrheit sind ihre Nerven nicht die besten. Sie ist zum Beispiel ungeheuer lärmempfindlich. Als ich vierzehn Jahre alt war, hat mir mein Vater von einer Reise nach Amerika einen ganzen Satz Schallplatten mit Aufnahmen von Rockmusikern mitgebracht. Die Musik hat mich damals in einen regelrechten Rausch versetzt. Ich konnte sie von morgens bis abends hören, und am liebsten auf Hochtouren.

Da ist meine Mutter dann wirklich öfter für ihre Verhältnisse recht massiv geworden und hat mir gezeigt, daß die Musik sie verrückt macht. Ich war damals aber gerade in einer Phase, in der ich mir von ihr überhaupt nichts sagen lassen wollte und habe nicht auf sie gehört. Bis sich mein Vater eingeschaltet und mir nahegelegt hat, die Platten nur zu hören, wenn meine Mutter nicht zu Hause war. Daran habe ich mich dann auch gehalten.

Mit 19 Jahren habe ich Abitur gemacht, und nach dem Bund habe ich angefangen, Kunstgeschichte zu studieren. Wenn mein Vater nicht gewesen wäre, hätte ich mir spätestens mit Beginn des Studiums eine eigene Wohnung oder ein Zimmer genommen. Mein Vater war jedoch in geschäftliche Schwierigkeiten geraten, und da habe ich gedacht, wenn ich jetzt weggehe, wird es für ihn nur noch schlimmer.

Er hatte ja immer ein starkes Gespür für junge Talente. Die hat er gefördert, indem er ihnen in seiner Galerie die Möglichkeit gab, ihre Arbeiten auszustellen. Ende der siebziger Jahre wurde jedoch nur wenig zeitgenössische Kunst gekauft. Mein Vater war schließlich gezwungen, die Galerie zu schließen und ist auch nur mit ziemlich viel Schulden da rausgekommen. Das hat ihn so fertiggemacht, daß er im Alter von 56 Jahren an plötzlichem Herzversagen gestorben ist. Ich habe das heute noch nicht verarbeitet. Es hört sich verrückt an, aber ich habe sieben Jahre nach seinem Tod noch nicht realisiert, daß es ihn nicht mehr gibt.

Meine Mutter hat auf den Tod meines Vaters reagiert, wie ich es nie von ihr erwartet hätte. Sie war in der ersten Zeit völlig hilflos. Einmal bin ich mittags nach Hause gekommen. Sie saß vor dem Fenster im Wohnzimmer und hat mir den Rücken zugedreht. Ich war stehengeblieben, und da hat sie sich dann ganz langsam zu mir herumgedreht. Ihr Gesicht war ganz aufgelöst. Da hatte ich dann das einzige Mal den Wunsch, sie in den Arm zu nehmen. Aber ich konnte es nicht. In mir war diese Barriere. Ich glaube, meine Mutter hat meinen Vater auf ihre Art sehr geliebt. Ich glaube nicht, daß sie ihn verstanden hat. Aber wenn ich es mir richtig überlege, hat sie immer akzeptiert, was er tat. Sie hat auch, ohne Worte darüber zu verlieren, seine Schulden bezahlt. Ich sehe darin eine Größe, die ich anerkennen muß.

Nach dem Tod meines Vaters hatte ich doppelt das Gefühl, daß mir der Boden unter den Füßen weggezogen wird, um es mal bei diesem Klischee zu belassen.

Mein Vater war nicht mehr da, und ich stand allein meiner Mutter gegenüber. Ich habe es tatsächlich mit der Angst zu tun bekommen. Mein erster Wunsch war weg, nur weg. Aber dazu war ich zu feige oder zu rücksichtsvoll. Je nachdem, aus welcher Sicht man das betrachtet. Ich habe gedacht, das kann ich meiner Mutter nicht antun. Ich muß noch eine Weile ausharren.

Was dann passierte, war schlimmer als ein Alptraum. Meine Mutter hatte noch Urlaub und machte mir den Vorschlag, für ein paar Tage mit ihr in den Schwarzwald zu fahren. Ich hatte nicht den Nerv abzusagen. Es war Herbst, und während der zwei Wochen, die wir im Schwarzwald waren, hat es ununterbrochen geregnet. Man konnte nicht vor die Tür. In unserem Hotel sah es aus, als sei alles schon für den Winter eingemottet worden.

Ich habe meiner Mutter ein paarmal vorgeschlagen, wieder nach Hause zu fahren, aber sie wollte nicht. Wahrscheinlich hatte sie Angst vor der leeren Wohnung. Die Tage quälten sich dahin zwischen Restaurantbesuchen, kurzen Spaziergängen mit dem Regenschirm in nebligen Waldgegenden und dem muffeligen Hotel. Und dann die Gespräche zwischen meiner Mutter und mir. Das war alles so unnormal, so künstlich. Ich kann doch mit anderen Leuten ganz normal und locker umgehen. Zwischen meiner Mutter und mir ist die Luft jedoch so dünn, daß ich einfach nicht richtig durchatmen kann.

Ich wollte dann aus unserer Wohnung ausziehen. Der Gedanke, weiter mit meiner Mutter zusammenzuleben, war für mich furchterweckend. Aber mir blieb erst einmal gar nichts anderes übrig. Es war finanziell gar nicht drin, daß ich mir eine eigene Bleibe nehme.

Fast ein Jahr haben meine Mutter und ich zusammengewohnt. Wir waren sehr höflich und rücksichtsvoll zueinander. Meine Mutter hat aufgehört, mir Vorschriften zu machen, und ich habe jede provokative Bemerkung unterdrückt. Nach außen hin war es also die ideale Mutter-Sohn-Beziehung. In Wirklichkeit haben wir jedoch beide versucht, uns aus dem Weg zu gehen. Wir haben zum Beispiel ganz, ganz selten zu Hause zusammen gegessen. Dagegen sind wir öfter zu zweit oder auch mit Bekannten zum Essen ins Restaurant gegangen. Ein paarmal waren wir auch zusammen im Theater.

Meine Mutter hatte sich nach dem Tod meines Vaters voll in die Karriere gestürzt. Sie war ja immer sehr tüchtig, aber bevor mein Vater starb, hatte es für sie noch einen anderen Lebenssinn als den Beruf gegeben. Als mein Vater nicht mehr da war, hat sie alle Chancen wahrgenommen, die sich ihr boten. Sie ist auf Kongresse gereist, bei denen es um diesen ganzen Gesundheitskram ging und hat Verbindungen zu großen Öko-Firmen aufgenommen. Vor zwei Jahren ist sie ganz groß eingestiegen. Sie gehört jetzt zur Geschäftsführung einer der größten Öko-Firmen, spricht auf Kongressen und verdient viel Geld.

Ich kann über diesen ganzen Gesundheitskram nur lachen. In Restaurants picke ich fast blind die Körnerfresser und Vegetarier heraus. Ich brauche nur danach zu gehen, wer bleich, blaß und grämlich auf das Stück Fleisch auf meinem Teller starrt. Woher kommt es nur, daß diese ganzen Gesundheitsfanatiker so krank aussehen?

Meine Mutter hatte meinem Studium der Kunstgeschichte immer skeptisch gegenübergestanden. Nachdem ich aber einmal damit angefangen hatte, war sie der Meinung, daß ich auch weitermachen sollte. Das entspricht ihrem Charakter. Wenn sie etwas anfängt, führt sie es auch bis zu Ende durch. Mein Vater war da viel flexibler. Wenn er erkannte, daß er einen falschen Weg eingeschlagen hatte, drehte er um. Ein Beispiel dafür ist, daß er als Volkswirt eine Galerie aufgemacht hat.

Ich hatte nach drei Semestern Kunstgeschichte keine

Lust mehr weiterzumachen. Das war mir zuviel Theorie. Außerdem konnte ich mir ausrechnen, daß ich als Kunsthistoriker kaum Aussicht hatte, jemals einen Job zu bekommen. Was sollte das also?

Ich wollte weg. Europa kam mir klein und eng vor. Mein Traumland war schon immer Amerika gewesen. In meinem Kopf spukten Filme wie Easy Rider und die Musik von Pink Floyd herum. In den Augen meiner Mutter müssen meine Reisepläne der reinste Wahnsinn gewesen sein. Aber da hat sie dann doch wieder gezeigt – wie sie es ja auch bei meinem Vater bewiesen hat –, daß sie über ihren eigenen Schatten springen kann.

Meine ursprüngliche Idee war, einen Billigflug zu nehmen und mich dann in Amerika ein paar Monate lang mit Jobs über Wasser zu halten. Dagegen meine Mutter: »Du kannst nicht ohne Geld nach Amerika reisen.« Sie hatte noch ein paar Schmuckstücke von der Mutter meines Vaters, die sie aber nie getragen hat. Sie trägt ja überhaupt so gut wie keinen Schmuck. Den hat sie dann versetzt und das Geld mir gegeben. Auch später war es immer wieder so: Wenn es darauf ankam, konnte ich mich auf meine Mutter verlassen. Vor zwei Jahren habe ich zum Beispiel mit einer Freundin einen Urlaubstrip durch Australien gemacht, und dabei sind wir bis aufs Hemd ausgeraubt worden. Wir hatten kein Geld und keine Papiere mehr. Ich habe dann meine Mutter angerufen, und sie hat wieder prompt reagiert und ist von Pontius zu Pilatus gelaufen, damit wir ausreisen konnten. Ich weiß auch: Wenn es mir jemals richtig dreckig gehen sollte, würde meine Mutter mir helfen. Das ist immerhin mehr, als viele Leute von ihrer Mutter sagen können.

Mein erster Aufenthalt in Amerika war für mich in vielerlei Hinsicht eine Art Offenbarung. Zum Beispiel was die Frauen betrifft. Ich hatte vorher schon einige unbedeutende Erlebnisse gehabt, aber in den Staaten habe ich den Typ von Frau getroffen, der mich immer wieder fasziniert. Es ist ein Typ, der meiner Mutter diametral entgegengesetzt ist. Um es auf einen Nenner zu bringen: Es sind Frauen, die Sex haben und erotische Blitze aussenden. Ob es zwischen mir und einer Frau funkt, hängt nicht davon ab, ob sie blond oder schwarz oder rothaarig ist. Auch nicht, ob sie dumm oder klug ist. Wenn ich die Wahl habe, ziehe ich allerdings eine etwas dumme Schöne einer klugen Häßlichen vor.

Der äußere Schein, von dem ja manche Leute behaupten, er sei unwichtig, bedeutet mir sehr viel. Die Persönlichkeit und das Niveau einer Frau drücken sich für mich in erster Linie in ihrem Geschmack und ihrem Stil aus, wie sie sich kleidet und gibt. Und wenn dann noch ein paar der sogenannten inneren Werte dazukommen, möchte ich mit der Frau, die mir gerade am liebsten ist, zusammen schlafen, wohnen, essen, trinken, schmusen und was sonst noch alles. Ich will sie fühlen, riechen, spüren, ich will mit ihr mit der gleichen Intensität zusammensein, mit der mein Vater gelebt hat.

Während der ersten Zeit bin ich meistens blind, was die Frau anbetrifft. Nach ein paar Monaten fallen mir dann die ersten Unzulänglichkeiten auf. Die Lust am Zusammensein wird schwächer, der Wunsch sich abzugrenzen, nimmt zu. Ich fange an, die Frau mit dem Abstand zu sehen, mit dem ich meine Mutter betrachte. Und wenn ich erst einmal soweit bin, ist es nicht mehr weit bis zur Trennung.

In letzter Zeit träume ich manchmal von der Frau fürs Leben. Es müßte eine sein, die – siehe oben – die weiblichen Attribute mit der Selbständigkeit meiner Mutter vereint. Keine Emanze, aber eine emanzipierte Frau, der meine Emanzipation genauso wichtig ist wie ihre eigene.

Sie dürfte mich genausowenig einschränken, wie meine Mutter meinen Vater eingeschränkt hat. Aber wo gibt es diese Frau? Vielleicht habe ich bisher an den falschen Orten gesucht?

Als ich von meiner ersten Amerikareise zurückkam, war es für mich ganz unmöglich, wieder zu meiner Mutter zu ziehen. Ich war also gezwungen, ganz schnell Geld zu verdienen. Ein Freund erzählte mir, daß eine Fluggesellschaft Stewards suchte. Also warum nicht Steward?

Ich bin an die Sache mit dem Gedanken rangegangen, diesen Job für höchstens zwei oder drei Jahre zu machen und dann irgend etwas zu studieren. Ganz hinten in meinem Kopf war auch die Vorstellung, einmal eine Galerie aufzumachen, und zwar mit amerikanischen Künstlern.

Inzwischen denke ich da anders. Das Fliegen macht mir Spaß und ist alles in allem ein lockerer Job. Ich komme in viele Länder, kann billig in den Urlaub fliegen und mir auch sonst einiges leisten. Ich bin relativ unabhängig und habe Kolleginnen, um die mich viele Männer beneiden.

Unter den Stewardessen sind einige, die meiner Vorstellung von einer idealen Frau schon ziemlich nahe kommen. Warum bin ich also nie über – teilweise sehr heftige – Flirts hinausgekommen? Früher habe ich gedacht, es liege an den Frauen. Nachdem sich die gleiche Prozedur – heiße Liebe und nach ein paar Monaten enttäuschtes Erwachen – immer wiederholt, muß ich wohl einmal anfangen, mir zu überlegen, ob der Haken nicht bei mir selbst zu suchen ist.

Vielleicht liegt es daran, daß ich meinem Vater zu ähnlich bin? Soviel ich weiß, hat es ja auch für ihn die eine große Liebe, dieses Gefühl ›nichts kann uns trennen‹, nicht gegeben. Die Ehe mit meiner Mutter war, wie ich das heute sehe, eine Art Kompromiß. Was ja nicht heißt, daß es eine schlechte Ehe gewesen ist. Sie haben sich ja alles in allem sogar ganz gut arrangiert.

Aber was soll ich daraus für Schlüsse ziehen? Doch wohl nicht den, daß ich einmal eine Frau heirate, die wie meine Mutter ist. Das könnte ich nicht. Das wäre ganz und gar unmöglich.

## Es ist kein Zwang, Gemeinschaft zu zeigen

*Gerhard Naumann, 23, Theologiestudent*

*Ich mußte mir während unseres Gesprächs immer wieder sagen, daß jener Mann, der mir im Sessel gegenüber saß, erst 23 Jahre alt ist. Seine Haltung war abwartend und von höflicher Distanz. Unpräzise Fragen quittierte er mit Stirnrunzeln. Gefühlen freien Lauf zu lassen ist nicht seine Sache. Bei Fragen nach seinem Privatleben verschloß er sich wie eine Auster. Fragen nach Denkweisen und Ansichten beantwortete er sachlich, klar und unmißverständlich.*

*Kontroverse Meinungen trug er mit der Sicherheit eines Menschen vor, der sich genau informiert hat und weiß, wovon er spricht. Seine Bildung ist umfassend, seine Arbeitsleistung enorm, seine Zeiteinteilung beispielhaft, seine Gelassenheit nicht Schau, sondern Ausdruck eines stabilen Selbstbewußtseins. Er erweckte den Eindruck eines Menschen, von dem noch zu hören sein wird. »Im Augenblick«, meinte er während unseres Gesprächs, »bin ich an Fragen der Moraltheologie interessiert.«*

Was mir als erstes zu meiner Mutter einfällt, ist ihre innere Ausgeglichenheit. Sie kann nichts erschüttern. Zweitens denke ich an ihre Gelassenheit im Umgang mit anderen Menschen. Auch wenn sie ganz anderer Meinung ist, ist das für sie kein Grund, aufbrausend zu reagieren. Sie muß sich da auch nicht vergewaltigen. Das ist ihr Charakter.

Diese Ruhe, die von meiner Mutter ausgeht, hat sich auf mich übertragen. Ich war am letzten Wochenende Referent auf einem Seminar, bei dem es um Leihmütter,

Reproduktionsbiologie und In-vitro-Fertilisation ging. Meiner Meinung nach ist das eine ganz gefährliche Entwicklung, wie man mit menschlichem Leben umgeht.

In der Diskussionsrunde waren jedoch Leute, die meinten, es sei doch nichts dabei. Das könne man doch machen. Ich habe nichts gesagt, sondern mir erst einmal diese Meinungen angehört. Erst danach habe ich meine Auffassung dagegengesetzt. Ich war wohl sehr ruhig und moderat, denn später auf der Nachhausefahrt hat mir jemand gesagt: »Ich verstehe nicht, wie Sie so gelassen reagieren konnten. Ich hätte auf den Tisch gehauen.« Diese Eigenschaft, den anderen erst einmal anzuhören, ist jedenfalls sehr stark von meiner Mutter geprägt.

Einstellungen, Eigenschaften und wie das Leben verläuft hängen ja eng damit zusammen, wie ein Mensch sozialisiert wurde und wie er groß geworden ist.

Familie sein heißt in meinen Augen Vater und Mutter und Kind. Geschwister, denke ich, gehören aber auch noch dazu. Ich habe einen älteren und einen jüngeren Bruder. Zwischen mir und meinem jüngeren Bruder ist noch eine Schwester. Mein älterer Bruder studiert in Tübingen und hat dort eine eigene Wohnung. Die übrige Familie lebt zusammen.

Für unsere Mutter ist es heute noch so, daß jedes Kind, das mit einem Problem oder einem Anliegen zu ihr kommt, das wichtigste ist. Ich glaube, ein Vorteil dabei ist, daß im Alter der Kinder ein gewisser Abstand liegt. Zwischen meinem älteren Bruder und mir nicht so sehr, aber zwischen meiner Schwester und mir liegen vier Jahre, und zu dem jüngeren Bruder noch einmal drei Jahre. Die Entwicklungsphasen waren dadurch immer sehr unterschiedlich. Ich kann heute sagen, ich brauche meine Mutter nicht mehr, um alles mit ihr besprechen zu können. Dafür habe ich andere Leute. Ich werde nicht neidisch, wenn meine Mutter sich mehr den jüngeren Geschwistern widmet.

In unserer Familie gibt es ein sehr starkes Gemeinschaftsgefühl. Es ist kaum denkbar, daß das gemeinsame Essen am Wochenende oder auch während der Woche nicht stattfindet. Jeder von uns hat einmal Phasen, in denen er sagt: »Ich unternehme am Wochenende etwas für mich und bin dann weg.« Das ist in der Regel kein Diskussionspunkt. Es ist kein Zwang, Gemeinschaft zu zeigen. Man kann sich da ganz reinfallen lassen, aber wenn man mal seine Ruhe braucht, kann man sich auch zurückziehen.

Es ist auch so, daß wir in unserem Haus viel Platz haben. Jeder hat seinen Lebensraum. Daneben gibt es mehrere gemeinschaftliche Räume wie das Wohnzimmer, in dem die Familie zusammenkommt.

Die Mutter ist nicht der einzige Mittelpunkt der Familie. Mein technisches Interesse hat mich zum Beispiel mehr zu meinem Vater und meinem Großvater hingezogen. Initiativen, was am Wochenende unternommen wird, gehen von meinem Vater aus. Er sagt zum Beispiel: »Wir fahren jetzt essen« oder »Wir verbringen das Wochenende im Schwarzwald«. Das hat nichts damit zu tun, daß mein Vater die Familie mehr nach außen repräsentiert und die Mutter mehr nach innen. Es hat sich so ergeben. Mein Vater hat eine Firma im technisch-medizinischen Bereich und kommt abends selten vor neun Uhr nach Hause. Für das Leben in der Familie bleiben ihm nur die Wochenenden und die Ferien. Diese Zeit versucht er dann so intensiv wie möglich zu gestalten.

Meine Mutter ist meistens zu Hause, und deshalb bekommt sie stärker mit, was in der Familie passiert. Sie ist die treibende Kraft dafür, wie sich das häusliche Leben abspielt. Als meine Geschwister und ich noch kleiner waren, war es für uns ganz wichtig, daß sie zu Hause war und daß es ein gemeinsames Mittagessen gab, wenn wir mittags aus der Schule kamen. Beim Essen wurden dann die aktuellen Dinge besprochen, und man konnte sich darüber austauschen, was einem widerfahren war.

Wenn wir getröstet werden wollten, hat unsere Mutter uns auf den Schoß genommen. Körperlichen Kontakt gab es in unserer Familie ganz lange. Als das im Freundeskreis schon niemand mehr machte, war es in unserer Familie noch immer üblich, daß wir uns in den Arm genommen haben. Ich hatte bis sechzehn, siebzehn Jahre keine Scheu, meine Mutter an mich zu drükken und zu umarmen. Alles in allem kann ich sagen, daß mir aus meiner Kindheit und Jugend keine Erlebnisse präsent sind, die für mich erschreckend waren.

Wenn ich krank war, habe ich mich in das Bett meiner Eltern gelegt. Mein Zimmer lag im ersten Stockwerk unseres Hauses, und es wäre möglich gewesen, über eine Sprechanlage den Kontakt mit meiner Mutter zu halten. In ihrem Bett hatte ich jedoch das Gefühl von Geborgenheit, und ich brauchte nicht einmal zu schreien, wenn ich etwas haben wollte. Es gab mir Sicherheit, daß ich nicht alleine war.

Bei Festen hat meine Mutter die Regie übernommen. Weihnachten, Ostern und Kindergeburtstage waren immer schön. Im allgemeinen verlieren Feste ja an Bedeutung. Für mich ist das Jahr jedoch nicht etwas, was sich verläuft. Festlichkeit kommt bei mir vor. Ich führe das auch darauf zurück, daß ich nie einen ›Festschock‹ erlebt habe, um das einmal so als Wortgebilde stehen zu lassen.

Meine Mutter ist auch der Mensch, der die Verwandtschaft zusammenhält. Sie organisiert, daß man sich auch außerhalb von Beerdigungen trifft. Vor zwei Jahren haben wir ein richtiges Großfamilientreffen gehabt, und das werden wir wohl auch wieder machen. Für mich ist es ungeheuer spannend und interessant zu sehen, wer gehört dazu, was gibt es für Ähnlichkeiten. Eine Gemeinschaft schützt vor dem Gefühl der Vereinzelung. Ich finde es schlimm, wenn ich sehe, wie Familien überall auseinanderbrechen. Ich kann mir zum Beispiel auch gar nicht vorstellen, was Familiensein und Kindsein in zehn Jahren konkret bedeuten wird. Als Institution wird die Familie sicher bestehen bleiben, aber sie wird keine Bedeutung mehr haben. Die ersten Anzeichen dafür haben sich meiner Meinung nach schon vor fünfzehn Jahren gezeigt, als die Tendenz immer mehr dazu ging, ein Einzelkind zu haben.

Meiner Erfahrung nach ist es jedoch sehr wichtig, daß Kinder in der Familie verschiedene Kontakt- und Bezugspersonen haben. Als meine Eltern unser Haus bauten, hatten sie für die Eltern meiner Mutter eine Wohnung im ersten Stockwerk miteingeplant. Der Vater meiner Mutter starb jedoch, als das Haus fertig war, aber die Mutter meiner Mutter hat noch zehn Jahre mit uns gelebt. Wenn man als Kind sieht, wie die Mutter mit ihren eigenen Eltern umgeht, bekommt man ja sehr viel mit.

Das Verhältnis zwischen meiner Mutter und meiner Großmutter war so, wie man es sich zwischen einem Kind und seiner Mutter vorstellt.

Es war eine sehr offene Gesprächsatmosphäre. Jeder hat seine Meinung gesagt, aber dem anderen nicht seinen Standpunkt aufgedrängt. Bei Bekannten erlebe ich es manchmal, daß nach einigen Jahren des Zusammenlebens von zwei Generationen der große Haß aufeinander kommt. »Wie kann das meine Tochter sein« oder »Wie können das meine Eltern sein«. Das ist bei uns nicht passiert, weil meine Mutter und meine Großmutter einander vom Anfang des Zusammenlebens bis zum Tod meiner Großmutter die Persönlichkeit gelassen haben. Außerdem war meine Großmutter innerhalb der Familie immer sehr selbständig.

Meine Großmutter hat mir viele Geschichten erzählt, die in der Familie passiert sind und über die meine Mutter nicht geredet hat. Zum Beispiel waren meine Großeltern in Bonn während der Zeit des Nationalsozialismus mit einem Ehepaar befreundet, von denen der Mann später Gauleiter in Bonn war. Wenn meine Großeltern diesem Ehepaar danach auf der Straße begegnet sind, sind sie immer auf die andere Straßenseite gegangen. Mein Großvater war in der Lehrlingsausbildung der Stadt Köln beschäftigt und hat es auch immer abgelehnt, den Unterricht mit ›Heil Hitler‹ zu beginnen.

Diese Geschichten haben sich mir tief eingeprägt und meine Einstellung mitbestimmt, wie man sich in Zeiten der Repression zu verhalten hat.

Manche Leute wundern sich über die Sicherheit, die ich in meinem Alter habe. Es gibt mehrere Gründe, wie ich dazu gekommen bin. Zu Beginn der zweiten Klasse hat man entdeckt, daß ich Legastheniker bin, also eine Lese- und Rechtschreibschwäche habe. In den meisten Familien wird das weggeschoben. Das möchte man nicht haben. In unserer Familie wurde das dagegen ausdiskutiert, und zwar von der ganzen Familie. Die Geschwister waren genauso einbezogen wie die Eltern und Großeltern. Ich habe zwar gewußt, es ist mein Problem, aber nicht meines allein, sondern auch das der Familie. Das hat dann auch noch ein Stück Zusammenhalt in der Familie geschaffen.

Die Schwäche hat sich auch später nicht gegeben. Meine Sicherheit geht heute aber so weit, daß ich ganz offen darüber sprechen kann. Ich bin zum Beispiel freier Mitarbeiter einer Zeitung. Bei meinem ersten Artikel habe ich den Redakteur auf meine Legasthenie aufmerksam gemacht. Er hat gemeint: »Schicken Sie den Artikel so her, wie Sie ihn geschrieben haben. Wenn er vom Inhalt her in Ordnung ist, korrigier' ich die Fehler.« Später hat er mir gesagt, er habe sich gewundert, daß ich eine so eminente Schwäche zugegeben habe. Aber ich lebe damit, und wenn die Leute von der Zeitung wollen, daß ich für sie schreibe, müssen sie auch damit leben.

Als Ausgleich zu meiner Schwäche habe ich mir etwas

gesucht, wo meine Stärke sich äußerte. Mit acht Jahren habe ich meinen ersten Zauberkünstler erlebt. Marvelli hieß er. Er stellte nicht den Trick in den Vordergrund und gehörte auch nicht zu den Meistern der Kunst der bewußten Täuschung. Es war vielmehr das Flair, das er ausstrahlte, das begeisterte, das mitriß. Ich war fasziniert und wollte unbedingt Zauberkünstler werden und so mein Brot verdienen. Meine Mutter schlug nicht die Hände über den Kopf und sagte, ich spinne, sondern sie hat es zugelassen und auch unterstützt, indem sie mir Zauberutensilien genäht und gebastelt hat. Sie hat mich auch zu Vorstellungen gefahren.

Ihre hauptsächliche Hilfe bestand aber im Gewährenlassen. Ich habe mich sehr früh entscheiden können, was ich will. Nicht im Sinne von Trotz, sondern indem ich mich positiv für eine Sache entschlossen habe.

Meine ersten Vorstellungen habe ich unter großem Applaus in der Familie gegeben. Ab meinem neunten Lebensjahr bin ich bei Kindergeburtstagen und Schulfesten aufgetreten. Inzwischen ist die Täuschungskunst nicht mehr nur mein Hobby, sondern ein halber Beruf geworden. Ich habe im ganzen Bundesgebiet öffentliche Auftritte und mache mit Kindern Zauberkurse. Das Institut für Lehrerfortbildung will die Zauberkunst mit meiner Mithilfe jetzt im Unterricht einsetzen. Außerdem schreibe ich regelmäßig für die Zauberzeitung und entwickle Geräte, die jemand anders für mich baut und verkauft.

Auch bei meinen Geschwistern wird das akzeptiert. Jeder hat sein spezielles Hobby. Mein älterer Bruder spielt eine Menge Instrumente und hat eine eigene Musikgruppe. Mein kleiner Bruder hat lange Zeit Geige gespielt und will jetzt Klarinette anfangen. Ich habe ein Jahr Klavier gespielt, dann aber gesagt, das ist nichts für mich.

Mein Interesse ging sehr früh zur Biologie und zu philosophischen und theologischen Fragen. Nach dem

Abitur mußte ich eine Entscheidung treffen, und nachdem es nicht möglich war, die Fächer zu kombinieren, habe ich mir gesagt: »Gut, dann sind mir die Philosophie und Theologie erst einmal wichtiger.«

Die religiöse Entwicklung von Kindern hängt ja sehr stark von der Einstellung der Eltern ab. Meine Mutter ist katholisch, mein Vater Protestant. Meine Eltern haben vor ihrer Hochzeit eine klare Abmachung getroffen, daß die Kinder katholisch erzogen werden. Das war keine Entscheidung für den katholischen und gegen den protestantischen Glauben. Die Überlegung war, daß die Mutter diejenige ist, die mehr mit den Kindern zu tun hat.

Ich halte das für richtig. Für mich ist es im nachhinein wichtig, daß es eine eindeutige Entscheidung war. Verwandte von mir vertreten die Position, daß ein Kind sich später selbst für eine Konfession entscheiden sollte. Das klingt zwar ganz gut, aber dem Kind hilft es nicht. Ein Kind braucht klare Linien, damit es später sagen kann: »Ich kenne jetzt das eine. Ich kann mich ganz dafür entscheiden oder es teilweise übernehmen oder alles ganz anders machen.« Eine Grenze ist dafür da, damit man weiß, wo ein bestimmter Bereich endet. Sonst wird es konturlos.

Glaube bedeutet für meine Mutter, die religiösen Gebote zu achten, sie aber nicht zu streng auszulegen. Sie hat uns Kindern immer ein eigenständiges Verhältnis zu Gott zugestanden. Über Glaubensfragen wurden in der Familie sehr offene Gespräche geführt. Die Eltern sind mit uns auch sehr früh zu Bildungsveranstaltungen gefahren, wo es einfach interessant war und es ein eigenes Programm für Kinder gab. Das war immer eine schöne Zeit. Man lernte neue Leute kennen. Das Familienleben wurde ein Stück offener, weil jeder sich selbst beschäftigen konnte. Mein Eindruck war aber immer, daß der Zusammenhalt der Familie dadurch noch ein Stück bewußter wird. Den Priesterberuf strebe ich nicht an. Ich habe vor Beginn meines Studiums ein halbes Jahr Praktikum in einer Pfarrei im Bistum Osnabrück gemacht, und da ist mir das ganz klargeworden. Zum Priester gehört eine Aufopferung und ein wesentlich stärkeres soziales Engagement, als ich es aufbringe. Außerdem muß man eine Pfarrei verwalten, und zwar ein Leben lang. Dazu bin ich absolut nicht geeignet. Ich könnte mich nicht einmal dazu zwingen.

Mein Interesse an der Theologie ist auch mehr spekulativer Art. Zum Beispiel sehe ich für mich später die Möglichkeit, als Diplomtheologe an eine Hochschule zu gehen.

Ich gehöre auch nicht zu den katholischen Theologen, die einem bestimmten Marienbild anhängen. Die biologische Jungfräulichkeit Marias hat für mich keinen übergeordneten Wert, weil ich sage, da ist weder ein Leitbild noch ein bestimmtes Frauenbild daran festzumachen.

Die Vorstellung der meisten Menschen ist ja, daß Maria wirklich unberührt war. Da sage ich aber, so kann es nicht gewesen sein. Wenn Gott Mensch wird, wird er ganz Mensch. Mit Schmerzen und allem, was dazugehört. Die Geburt war keine blutlose Geburt, wie man das auf Bildern sieht. Sicher stand aber eine geistige Reinheit dahinter.

Ich kann jetzt nicht sagen, daß ich die Vorstellung von Körperlichkeit habe, weil ich es so in unserer Familie erlebte. Aber ich würde schon sagen, weil ich diese Körperlichkeit in der Familie erlebt habe, gibt es für mich keine Schwierigkeit, es so zu sehen.

Im Rahmen meines Studiums habe ich mich deshalb auch mit der Frauenbewegung beschäftigt. Mutter und Beruf ist eines der Themen, die in den letzten Jahren immer wieder hochkommen. Meine Einstellung zu diesen Fragen hängt sehr stark mit den Erfahrungen zusammen, die ich in unserer Familie gemacht habe.

Meine Mutter war immer eine sehr selbständige Frau.

Sie hat sich selbst nie über meinen Vater oder die Kinder definiert. Aber sie gehört auch nicht zu den Frauen, die meinen, an ihrem Leben gehe etwas vorbei, wenn sie nicht erwerbstätig sind. Sie hat sich nie von diesem Karrieregerede beeinflussen lassen und sich nicht an einem Erfolg festgemacht, den man von außen sehen kann.

Vor der Ehe mit meinem Vater war sie Sekretärin. Vor zwei Jahren fiel die Sekretärin meines Vaters aus, und meine Mutter ist eingesprungen. Seitdem arbeitet sie halbtags in der Firma meines Vaters mit. Sie sieht dadurch, mit welchen beruflichen Problemen sich mein Vater oft herumschlagen muß, und bringt noch ein ganzes Stück Verständnis mehr als vorher für ihren Mann auf.

Die Arbeit bei meinem Vater nahm sie aber erst auf, als sie sah, daß meine Geschwister und ich soweit waren, daß wir uns mittags selbst etwas zu essen zubereiten konnten. Das gemeinsame Essen mit der Familie findet seitdem am frühen Abend statt.

Ich denke, anders geht es nicht. Wenn man eine Familie hat, muß man sich entscheiden. Man kann nicht den Beruf und die Kindererziehung mit dem gleichen Ernst wahrnehmen. Wenn ich sage: »Mir liegt soviel an meinem Beruf, daß ich ihn nicht aufgeben möchte«, dann muß ich auf ein Kind verzichten.

Ich sehe die Schwierigkeit auch für Männer. Ich möchte kein Vater sein, der nur für den Lebensunterhalt der Familie sorgt. Vatersein bedeutet für mich, in der Familie zu leben. Zur Zeit ist meine Arbeit für mich jedoch die Hauptsache. Ich bin noch zu jung, um eine Familie zu gründen. Ich sehe zwar, daß die Leute um mich herum immer früher heiraten. Für mich kommt das aber nicht in Frage.

Wie ich mir meine Idealfrau vorstelle? Es gibt keinen bestimmten Typ Frau, zu dem ich mich besonders hingezogen fühle. Das Äußerliche ist etwas, was sich ändert.

Gut, es redet nicht nackte Seele zu nackter Seele. Das ist klar. Aber das Entscheidende ist doch wohl, wie man miteinander umgeht. Die Beziehung müßte von jener Toleranz und Offenheit geprägt sein, die ich zu Hause erlebe. Das konkrete Interesse an theologischen Fragen müßte bei meiner Partnerin ausgeprägter sein als bei meiner Mutter. Wenn mir so jemand begegnete, dann sehr gerne . . .

## Ich sollte der Größte sein
*Kurt M. Maurer, 36, Psychologe*

*Mit seinem gelben Pullover, dem roten Hemd und der farbenfrohen Hose sah er aus wie ein Paradiesvogel. Licht und luftig war das Zimmer, in das er mich führte.*

*Von einem Psychologen hatte ich erwartet, daß er beim Gespräch den Ton angibt. Ich hätte nichts dagegen gehabt. Meine Erwartung wurde jedoch enttäuscht. Wenn ich eine konkrete Frage stellte, zeigte sich Kurt M. Maurer äußerst kooperativ und auskunftswillig. Stockte ich jedoch, weil ich dachte, die fachmännische Deutung der geschilderten Umstände müsse von ihm kommen, blieb auch er stumm. Von sich aus nahm er die Gesprächsleitung nicht in die Hand. War das reine Höflichkeit oder ein Rest jener Unsicherheit, unter der er sein Leben lang gelitten hat, wie sich im Laufe des Gesprächs dann herausstellte?*

Ich war zuerst Lehrer. Warum ich dann noch Psychologie studiert habe? Das hängt mit den Anforderungen zusammen, die meine Mutter an mich gestellt hat. Ich sollte immer ganz großartig sein und war es nie. Daran habe ich lange geknabbert. Über die Psychologie wollte ich die Menschen besser begreifen lernen. Es war auch die Sehnsucht, zu mir selbst zu finden.

Meine Mutter hat ein sehr weiches Gesicht und weiche Haare. Alles so fließend, so ein bißchen Typ Bund Deutscher Mädel nach 1933. Das frische Mädel war sie noch sehr lange. Mit ihm hat sie sich identifiziert. Wenn sie von der Zeit erzählt, bekommt sie heute noch leuchtende Augen. Es war für sie ganz großartig, daß mehrere Mädchen an einem Strang zogen, daß es innerhalb des Geschlechts die Gleichberechtigung gab und auch die Freude am Arbeiten. Es ist meiner Mutter heute noch unangenehm, daß dahinter diese Herrenmenschenideologie stand.

Während der ersten Jahre ihrer Ehe war mein Vater für meine Mutter ein Held, der die Strapazen des Krieges und vier Jahre russische Kriegsgefangenschaft überlebt hatte. 1950 sind meine Eltern aus Ostdeutschland in ein Dorf in den Hintertaunus gezogen. 1953, zu Beginn des Wirtschaftswunders, kam ich auf die Welt, und da fing meine Mutter an zu begreifen, daß sie keinen Helden, sondern einen Versager geheiratet hatte.

Mein Vater war vor dem Krieg Bäckergeselle gewesen, kam dann aber nicht mehr dazu, seinen Meister zu machen. Meine Mutter war immer sehr stolz darauf, daß sie vor dem Krieg als Kindergartenleiterin gearbeitet hatte. Zu einer Kindergartenleiterin hätte eben ein selbständiger Bäckermeister gepaßt. Um Geld zu verdienen, hat mein Vater sich jedoch als Lackierer verdingt.

Die Verhältnisse bei uns zu Hause waren sehr armselig. Meine Mutter hat sehr darunter gelitten, daß wir ein Arbeiterhaushalt unter anderen Arbeiterhaushalten waren. Die Enttäuschung war groß. Mein Vater wurde für meine Mutter die Verkörperung des Verlierers, und deshalb mußte ich der Held werden. Ich mußte der Größte in der Klasse sein und der beste Musiker. Oberflächlich betrachtet war die Zeit bis zu meinem zehnten Lebensjahr sehr locker für mich. Ich war das verwöhnte Einzelkind und hatte es unwahrscheinlich gut. Meine Eltern haben sich beide furchtbar um mich bemüht. Sie waren sehr froh, daß es mich gab, und alles war toll. Wenn ich allerdings an bestimmte Situationen denke, dann sehe ich, daß ich auch während dieser Zeit stark gefordert wurde.

An einem Nachmittag ging ich mit meiner Mutter zum Elementarunterricht der Jugendmusikschule.

Musik hat mir immer sehr viel Spaß gemacht. Deshalb war der Unterricht für mich eine lockere Sache. Auf dem Weg kramte meine Mutter eine Tablette raus und gab sie mir. Ich hatte solche Tabletten sonst immer zu Hause bekommen. An diesem Tag fragte ich meine Mutter: »Warum muß ich die nehmen? Ich bin doch gesund.«

Daraufhin hat sie mir dann erklärt, daß ich beim Musikunterricht noch nicht spitzenmäßig sei. Die Tablette bewirke, daß ich leistungsmäßig besser werde. Ich war verblüfft und fühlte mich unverstanden, weil ich meinte, ich sei im großen und ganzen gut genug. Ich habe dann aber nichts mehr gesagt und die Tablette geschluckt.

In der Grundschule war ich immer in der Spitzengruppe. Ich hatte aber meine Schwächen und war oft von mir selbst enttäuscht. Einmal sollten wir zum Beispiel an einem Deutschlandpuzzle arbeiten. Das heißt, die Deutschlandkarte war in Stücke zerteilt, und wir mußten die Teile zusammensuchen. Ich war ganz wild darauf. Es war ein schönes Spiel. Die Lehrerin stand aber mit der Stoppuhr daneben, was an sich schon ganz blöd war. Auf jeden Fall habe ich es nicht in der vorgegebenen Zeit geschafft, die Karte zusammenzubringen, und habe deshalb eine schlechte Note bekommen. In diesem Moment fühlte ich wieder einmal die Forderung meiner Mutter bestätigt, daß ich noch viel besser werden müßte. Ich habe mich geschämt.

Beim Spielen zu Hause hatte ich ganz tolle Ideen. Einmal kam meine Mutter dazu, als ich für meine Modellautos auf Pappkartons ein buntes Verkehrsnetz gemalt hatte. Da hat sie mich tatsächlich einmal gelobt. Nicht großartig, sondern verhalten: »Schön, was du da machst.«

Ich kann mich nicht erinnern, daß meine Mutter einmal richtig von mir begeistert war und gesagt hätte: »Das hast du toll gemacht.« Dann wäre wahrscheinlich die Sonne aufgegangen. Aber das ist nie passiert.

Ich wußte immer, daß ich gut sein muß, um mir ihre Liebe zu erhalten. Weil ich aber so oft ein Versager war, mußte ich immer damit rechnen, daß sie mich fallen läßt. Ihre Zuneigung war eine sehr unsichere Angelegenheit. Ich habe eigentlich während meiner ganzen Kindheit Angst gehabt, daß meine Mutter mich verläßt.

Es war mir zum Beispiel nicht möglich, in den Kindergarten zu gehen. Eine Szene ist mir dabei ganz scharf in Erinnerung geblieben. Der Kindergarten war zu Ende, und meine Mutter kam nicht. Ich habe gesehen, wie ein Kind nach dem anderen abgeholt wurde – und ich war immer noch da. Da ist für mich die Realität zur Katastrophe geworden: Meine Mutter ist geplatzt, gestorben oder sonst etwas. Die Vorstellung war sehr diffus. Sie verläßt mich, sie kommt nicht mehr. Mir war nicht klar, warum das sein könnte, aber es war für mich Gewißheit.

Ich bin dann sehr krank geworden. Die Befunde waren völlig unklar. Organisch hatte ich nichts. Schließlich hat mir der Arzt auf den Kopf zugesagt, ich sei nur krank, weil ich nicht in den Kindergarten gehen wolle. Meine Mutter hat dann die Konsequenzen gezogen und mich aus dem Kindergarten genommen. Am nächsten Tag war ich wieder vollkommen gesund. Sie hat sich später hin und wieder amüsiert gezeigt, daß ich nicht in der Lage war, in den Kindergarten zu gehen.

Als ich ungefähr acht Jahre alt war, ist meine Mutter einmal sehr spät vom Einkaufen nach Hause gekommen. Da habe ich vorsätzlich Trauerarbeit geleistet und heiße Tränen auf ein Foto geweint, auf dem wir Hand in Hand gingen und sie so lieb aussah. Als sie dann kam, war ich sehr glücklich und erleichtert. Selbst jetzt von meiner Warte aus kann ich mich nicht erinnern, daß ich jemals gedacht habe: »Vielleicht wäre es ganz gut, wenn sie nicht wiederkäme.« Das war ganz weit weg.

Ich habe Aggressionen so stark unterdrückt, daß ich sie nicht einmal selbst wahrgenommen habe. Es kam für mich erst im nachhinein raus, wie bedrückend es zum Beispiel für mich war, daß ich keine Freunde hatte.

Ich habe damals so empfunden, als sei ich unfähig, Freundschaften zu pflegen, als hätte ich einfach zuviel Angst. Aber ich erinnere mich: wenn ich mit Gleichaltrigen spielte, war meine Mutter immer in meinem Hinterkopf. Ich hatte das Gefühl, ich darf mich nicht zu sehr mit anderen Kindern anfreunden, weil sie mir sonst ihre Liebe entzieht.

Freundschaften mit Mädchen waren ganz besonders brisant. In meiner Grundschulklasse war ein Mädchen, das sich offensichtlich mit mir anfreunden wollte. Einmal hat sie ihr Taschengeld zusammengekratzt und mir am Büdchen eine Limo spendiert. Ich fühlte mich sehr geschmeichelt und habe das sehr genossen. Als ich nach Hause kam, habe ich meiner Mutter berichtet, was ich geschenkt bekommen hatte. Sie schimpfte mich fürchterlich aus. Als ich dann noch sagte, daß es ein Mädchen war, das mich beschenkt hatte, hat sie so heftig reagiert, daß ich völlig von der Rolle war. Das Mädchen und ich wären Spielkameraden geworden. Aber der erste Kontakt mit Mädchen ist durch meine Mutter so brutal abgewürgt worden, daß mir danach für lange Zeit der Appetit vergangen ist, Mädchen nahe zu kommen.

Beginnende Freundschaften sind auch deshalb zerplatzt, weil meine Mutter mir nicht erlaubt hat, zu anderen Kindern zu gehen. Sie wollte auch nicht, daß andere Kinder zu uns kamen. Einmal hat mich ein Junge zu sich nach Hause eingeladen. Wir haben wunderbar gespielt.

Zu Hause hat mir meine Mutter jedoch wieder Vorhaltungen gemacht. Ich könne nicht dauernd zu den Leuten gehen, ohne mich zu revanchieren. Wir hätten nur eine winzige Wohnung, und wenn jemand die sehe, würde er nur lachen. Das hat sich mir damals sehr stark eingeprägt: »Man kann nicht etwas von einem anderen in Empfang nehmen, ohne gleich wieder etwas Entsprechendes zurückzugeben.«

Als ich sieben Jahre alt war, sind wir in eine größere Wohnung gezogen. Ich hatte dort mein eigenes Zimmer und hätte es gerne nach Gastgebermentalität den Kindern, die ich von der Straße und vom Spielplatz her kannte, vorgeführt. Das ging dann aber auch wieder nicht. Meine Mutter hatte angefangen, bei der Post als Briefsortiererin zu arbeiten und hatte die Befürchtung, daß jemand etwas stehlen könnte, wenn sie nicht da war.

Ich vermute, daß sie Angst hatte, jemand könnte in unsere Privatsphäre eindringen. Das war ihr nicht recht. Sie hat heute noch Schwierigkeiten im Umgang mit Verwandten und Bekannten und möchte immer eine Trennung zwischen sich und den anderen ziehen.

Meine Mutter war mir gegenüber körperlich immer sehr abweisend. Als ich drei Jahre alt war, hat sie mich im Bett gekitzelt. Das war grandios. Es hat dann aber immer mehr nachgelassen, und so ab dem zehnten Lebensjahr kann ich mich nicht daran erinnern, daß sie mich einmal gedrückt hat.

Ich empfinde das eher als weichliches denn als mütterliches Verhalten. Ich denke, sie hat Angst davor gehabt, daß wir uns zu nahe kommen könnten. Ich war für meine Mutter sicherlich zum Teil auch Mannersatz.

Zum Beispiel habe ich durchgedrückt, daß noch Kinder zur Welt kamen. Und zwar habe ich ein Jahr, bevor mein Bruder geboren wurde, in einer Zeitschrift eine Bildreportage gelesen, in der erklärt wurde, daß Kinder in der Gebärmutter wachsen. Meine Mutter hatte mir immer die Geschichte vom Klapperstorch erzählt, und als ich das las, war ich perplex. Da ich mich aber naturwissenschaftlich schon immer sehr stark angesprochen fühlte, habe ich das sofort angenommen und gedacht: »Na klar. So ist es. Logisch.«

Und dann kam mein Kinderwunsch. Ich habe meiner Mutter gesagt, daß ich gerne ein Geschwisterchen hätte. Und bums, habe ich einen Bruder bekommen.

Kurz darauf habe ich gemeint: »Ein Schwesterchen wäre auch nicht schlecht.« Und schwupps kam das Schwesterchen. So als hätte ich darauf gedeutet, und prompt hätte im Bauch meiner Mutter etwas zu wachsen angefangen. Das war für mich der Ausdruck von Allmacht. Ich habe wohl auch wie ein Weltmeister verdrängt, welche Rolle mein Vater dabei spielte.

Allerdings war ich dann in einem Alter, in dem ich eigentlich nicht mehr der große Bruder sein konnte. Ich habe mich dann so halb als Vater meiner Geschwister gefühlt. Mein Vater hatte immer sehr viel mit mir unternommen, und das habe ich jetzt mit den Kindern gemacht. »Mit den Kindern«, sage ich jetzt doch tatsächlich noch immer. So tief sitzt das drin.

Die Sache ist dann allerdings für mich zum Bumerang geworden. Meine Mutter hat wohl sehr bedauert, daß sie wegen der Kinder ihre Arbeit bei der Post aufgeben mußte. Das hatte ihr Spaß gemacht.

Mit den beiden Kindern, die im Abstand von elf Monaten auf die Welt kamen, fühlte sie sich überfordert. Sie hat mir dann etliche Male zum Teil sehr massiv vorgeworfen, daß ich ihr Kinder gemacht habe.

Ihr Verhalten mir gegenüber hat sich dann auch drastisch geändert. Vorher besaß ich ihre uneingeschränkte Aufmerksamkeit. Sie war mir gegenüber zwar meistens sehr kritisch, aber ich hatte doch das Gefühl, ich sei für sie das Wichtigste überhaupt. Als meine Geschwister da waren, hatte ich den Eindruck, jetzt bekomme ich nur noch Schelte. Wenn ich gut war oder im großen und ganzen doch auch freundlich und schön gespielt habe, dann kam überhaupt kein Lob. Statt dessen bekam ich die Ohren vollgejammert, wie schlimm das ist mit zwei kleinen Kindern und mit einem großen, der auch nur schlechte Noten nach Hause bringt.

Im Alter von zehn Jahren gab es auch aus anderen Gründen in meinem Leben einen absoluten Bruch. Ich habe nicht nur Geschwister bekommen. Mein Vater ist zum Straßenbahnfahrer aufgestiegen, und ich bin auf das Gymnasium gekommen.

Meine Mutter hatte mich während der Grundschulzeit lange und intensiv darauf vorbereitet, daß ich nur mit dem Vorbehalt auf das Gymnasium komme, dort wirklich Spitze zu werden. Wenn ich so eine Pfeife bliebe wie bisher, dann werde das nichts. Also immer wieder die Drohung. Dahinter steckte: Eigentlich ist es nicht standesgemäß. Ich wußte damals schon, das Gymnasium ist etwas, wo ich mich bewähren mußte.

Ich bin mit Angst in die Schule gegangen, und dadurch ging das dann auch in die Hose. Ich bin nicht einmal sitzengeblieben und habe auch das Abitur im ersten Anlauf gemacht. Kein grandioses, sondern nur ein Dreier-Abitur. Für damalige Zeiten war das aber gar nicht so schlecht. Trotzdem hatte ich während meiner ganzen Gymnasialzeit das Gefühl, ein absoluter Versager zu sein. Dieses Gefühl ist ständig durch meine Mutter geschürt und bestärkt worden.

Mein Vater hat da eine sehr unklare Position bezogen. Auf der einen Seite war er stolz, daß sein Sohn das Gymnasium besucht, und es hat ihn geärgert, daß ich streckenweise sehr schlecht war. Auf der anderen Seite war es ihm ganz recht. Warum sollte ich etwas schaffen, was er nicht erreicht hatte? Für ihn war das also eine zweischneidige Sache.

Meinem Vater waren Versagensgefühle ja auch nicht fremd. Er hatte eine Kindergartenleiterin geheiratet und war deshalb statusmäßig der Kleinere. Bei meiner Mutter kamen immer wieder Vorwürfe hoch, daß er nichts aus sich gemacht habe. Sie hat nichts Konkretes gesagt. Es war eher anklagend, daß er einfach zu wenig gebracht habe.

Mein Vater hat reagiert, indem er gezeigt hat: Ich bin noch so flexibel, daß ich in einen anderen Beruf überwechseln kann. Auf die Weise ist er Straßenbahnfahrer geworden. Für meine Mutter war das immer noch zu wenig, aber für mich war es gigantisch.

Ich bin oft am Wochenende mit meinem Vater rumgefahren. Ich habe das Gefühl gehabt, mein Vater ist etwas ganz Tolles und Mächtiges. Er fährt mit diesen Riesengeräten herum, in denen viele Leute sind, und er ist dafür verantwortlich. Er kann die Türen auf- und zumachen und jemanden rausschmeißen oder auch nicht. Wenn ich live dabei sein konnte, fühlte ich mich auch größer und bekam von diesem Glanz etwas ab.

Durch dieses Straßenbahnfahren habe ich mich auch ein Stück von meiner Mutter lösen können und mehr an meinen Vater gebunden.

Mein Vater ist heute in meinen Augen ein ganz famoser Mann. Er hat überhaupt nichts Schlaffes an sich und war immer drahtig, energiegeladen und kraftstrotzend.

Wir sind oft zusammen im Taunus wandern gegangen. Andererseits hat er von Zeit zu Zeit seine Aggressionen, die er bei meiner Mutter nicht loswerden konnte, an mir ausgelassen. Es kam vor, daß er mich wegen Kleinigkeiten geschlagen hat. Er hat dann wohl einen Teil meiner Mutter in mir gesehen, und das hat ihn wütend gemacht.

Ich glaube, wenn meine Mutter meinen Vater und mich mit ihren Ansprüchen nicht immer so in die Enge getrieben hätte, wäre es mir möglich gewesen, mich mit meinem Vater zu identifizieren. Weil er aber für mich immer weit unter meiner Mutter stand, war er niemand zum Nacheifern.

Ich habe mich lange Zeit gegen meine eigene Männlichkeit gewehrt, und auch da kann ich wieder bei meiner Mutter anfangen. Sie hat meine Körperlichkeit und die meines Bruders immer sehr stark unterdrückt, indem sie uns verhüllt hat. Während unsere Schwester als Püppchen mit Rüschen, goldig und mit Löckchen ausstaffiert wurde, waren mein Bruder und ich in Säcke gehüllt.

Ich bin schon als Kind ab und zu im Anzug rumgelaufen. Nicht nur, wenn wir sonntags in die Kirche gingen, sondern auch sonst. Wenn ich mich auf Fotos aus der damaligen Zeit sehe, dann war alles grau in grau. Wenig Buntes, alles sehr unauffällig. Ich habe erst mit zwanzig Jahren gemerkt, daß man sich durch Kleider verschieden darstellen kann, und daß meine Kleidung einen Einfluß auf meine Stimmung ausübt. Wenn ich etwas Farbenfrohes trage, ist es klar, daß ich mich lieber habe.

Das hat mich im nachhinein wahnsinnig verblüfft. Es ist für mich heute auch unvorstellbar, daß ich bis zu Beginn des Studiums widerspruchslos getragen habe, was meine Mutter mir vorgesetzt hat. Sie hat mir die Kleider gekauft und größtenteils sogar rausgelegt.

Ich hatte immer sehr stark den Wunsch, mich unsichtbar zu machen. Als Kind war ich ja sehr ruhig und still gewesen, aber bis zu meinem zehnten Lebensjahr war ich auch in der Lage zu schreien und auf der Straße bei wilden Spielen mitzumachen. Danach habe ich meine Stimme immer mehr gedrosselt. Als die Stimme so holprig und rauh wurde, habe ich mich sehr geschämt wegen diesem Zeichen der Männlichkeit. Es passierte auch ungewöhnlich spät, erst mit siebzehn Jahren.

Turnen und der Sportunterricht in der Schule waren für mich etwas ganz Schreckliches. Sämtliche Geräte waren für mich reine Marterinstrumente. Ich kann mich vor allem an die Ringe erinnern, die von oben runterhingen. Da mußte man dran schwingen. Die anderen saßen drumherum. Ich selbst hing in der Luft und war so richtig der Blickpunkt. Das hatte für mich etwas entsetzlich Exhibitionistisches, weil man dabei so viel von sich zeigt. Ich hatte das Gefühl, jetzt können alle sehen, wie klein und mickrig ich bin.

Es war für mich auch lange Zeit ganz unmöglich, eine Partnerschaft zu beginnen. Ich hatte fürchterliche Angst, daß in dem Moment, in dem ich mich zeige wie ich bin, die Frau unweigerlich von mir enttäuscht ist und einen Rückzieher macht. So wie meine Mutter immer von mir enttäuscht war, weil ich ihren Wünschen nicht entsprach.

Ich mußte deshalb das Körperliche bis zu meinem 25. Lebensjahr ausschließen. Ich wollte gerne zärtlich sein, aber es ging nicht. Ich habe immer eine Hülle um mich behalten und war todunglücklich, weil ich nie wirklich Partner sein konnte. Mit einer meiner unglücklichen Lieben war ich ein Jahr zusammen. Die Frau hatte einen enormen erotischen Reiz auf mich ausgeübt. Auf der anderen Seite war es mir einfach unmöglich, meine Angst zu überwinden.

Und in diesem Durcheinander tauchte plötzlich eine Kollegin auf. Ich hatte mein Referendariat gemacht und war Zivildienstleistender auf einem Abenteuerspielplatz. In dem angeschlossenen Kinderhaus war eine sehr mütterliche und sehr frauliche Mitarbeiterin. Sie hatte zwei Kinder. Da habe ich mich dann eher getraut, mich als Mann zu zeigen. Ich habe gedacht, wenn sie meine Schwächen erkennt, wird sie mich nicht gleich fallen lassen, weil sie ja Mutter ist. Mütter können verzeihen, Frauen nicht. Sie war dann für mich so eine Mischung aus Geliebte und Mutter. Am Anfang war es eine unwahrscheinlich intensive, erfüllende Liebe, die dann allerdings sehr schnell Sprünge bekam. Ich habe von Anfang an gesagt: »Schade, daß du so alt bist. Das ist für mich ein Problem.« Sie war sich meiner Liebe deshalb nie sicher. Es gab immer wieder Eifersuchtsszenen. Trotzdem ist es sehr lange gegangen. Wir waren ein Jahr befreundet und haben sechs Jahre wie in einer Ehe zusammengelebt.

Ich war wie ein Vater zu den beiden Kindern. Das war zuerst sehr schwierig. Meine Freundin war geschieden, und die Kinder waren es gewohnt, daß die Mutter ganz für sie da war. Jetzt kam auf einmal ein Liebhaber dazu. Die Kleine war damals gerade zwölf geworden und am biestigsten. Sie war eine Kratzbürste bis dorthinaus. Als sie dann aber merkte, von dem kriege ich auch noch Liebe, hat sie sich an mich gelehnt.

Die Große war sechzehn, als wir zusammenzogen,

und als sie dann etwas netter zu mir wurde, war sie siebzehn. Sie hat sich dann in mich verliebt, und es war für mich sehr schwer, das seelisch zu verdauen. Sie war sehr attraktiv und lieb und irgendwo auch ganz die Mutter. Außerdem wäre sie vom Alter her die passendere Frau für mich gewesen. Da ist etwas durcheinander gekommen. Die Mutter ist dreizehn Jahre älter und die Tochter zehn Jahre jünger. Also ist die Tochter eigentlich eher eine Frau für mich als die Mutter.

Das Mädchen hatte dann auch so eine Phase, in der sie mit allen möglichen Jungen etwas angefangen und mir erzählt hat: »Der ist nichts und der ist auch nichts.« Indirekt hat sie dann von mir geschwärmt und mir Angebote gemacht.

Ich habe das aber vollkommen abgeblockt. Auch aus der Angst heraus, es könnte etwas passieren. Irgendwo mußte Schluß sein. Auch wenn sie nur meine Stieftochter ist, darf ich mich nicht erotisch von ihr anziehen lassen oder mit ihr sexuell verkehren. Denn, wenn ich es doch tue, ist auch die Beziehung zu meiner Freundin gestört. Ich wollte meiner Freundin auch nicht weh tun und habe sehr aufgepaßt, daß sie nichts von der Sache erfährt. Die Tochter hat das Problem schließlich dadurch gelöst, daß sie sehr früh aus dem Haus gegangen ist.

Ich begann damals mein Zweitstudium der Psychologie und habe es auch selber finanziert, indem ich nachts als Hilfsarbeiter bei der Post gearbeitet und Säcke geschleppt habe. Also, ich habe sehr stark körperlich gearbeitet, was mir ja immer fremd gewesen war.

Von dem Geld habe ich meine Freundin und die Kinder mit unterstützt. Ich bin heute mächtig stolz darauf, daß ich meiner Freundin nie auf der Tasche gelegen habe und immer von ihr unabhängig war. Sonst hätte ich jetzt das Gefühl, daß ich sie ausgenutzt habe.

Meine Mutter hat meiner Freundin immer sehr zwiespältig gegenübergestanden. Alle paar Monate kam:

»Jetzt könnte es aber so langsam aus sein. Du solltest dir überlegen, ob du nicht ein normales Verhältnis eingehst.«

Im Grunde mochte meine Mutter meine Freundin sehr gerne. Offiziell will sie heute nichts mehr mit ihr zu tun haben. Wenn meine Freundin sie aber ab und zu einmal anruft oder an ihrem Geburtstag vorbeikommt, merke ich, wie meine Mutter aufblüht. Sie wäre wohl immer sehr gern mit meiner Freundin befreundet gewesen. Weil die Sache aber etwas mit mir zu tun hatte, durfte es nicht sein.

Ich kann sie eben nicht auf Teufel komm raus ändern und stehe ihr inzwischen auch sehr distanziert gegenüber. So habe ich vor drei Jahren eine klassische Psychoanalyse angefangen, um mein Verhältnis zu ihr endlich einmal aufzuarbeiten.

Ich hatte damals mein Privatleben stabilisiert, und eigentlich war alles so richtig toll. Aber ich habe ständig zu hohe Ansprüche an mich gestellt und kam nie wirklich zur Ruhe. Meine Mutter saß mir immer noch im Nacken. Außerdem hatte ich das Gefühl, innerlich irgendwie verkrustet zu sein.

Ich hatte den Eindruck, ich könnte viel unmittelbarer Gefühle wie Freude und Spaß und Wut empfinden, wenn da nicht so eine Kapsel wäre.

Ich kann nicht sagen, daß ich jetzt ein komplett anderer Mensch geworden bin. Ich erlebe immer noch Situationen, bei denen ich denke, da könnte ich besser sein. Es wurmt mich auch noch immer, wenn meine Mutter jammert, weil ich zu wenig bringe. In letzter Zeit kommt das allerdings nur noch selten vor. Ich habe drei Voraussetzungen erfüllt, die für meine Mutter wichtig sind, um mich akzeptieren zu können. Ich habe einen eigenen Hausstand, geheiratet und einen Beruf, in dem mir relativ wenig passieren kann. Eine gewisse Enttäuschung für mich ist, daß ich schon so ein alter Knochen bin und immer noch keine Kinder habe und noch relativ wenig verdiene.

Aber das wird alles sehr maßvoll vorgetragen. Eigentlich könnte ich in meinem Verhältnis zu meiner Mutter jetzt richtig aufblühen. Jetzt hat sie mir quasi verziehen, habe ich den Eindruck.

## Meine Mutter, die Chefin

*Edmund Haussmann, 37, Schausteller*

*Er wirkt wie einer jener furchtlosen Filmhelden, die – getrieben von der Gier nach Leben – zu jedem Abenteuer bereit sind. Männer, die sich durch keine familiären Bindungen zurückhalten lassen und für die eine Liebschaft nur die Durchgangsstation zur nächsten ist.*

*Aber der Schein trügt. Edmund Haussmann ist ein Familienmensch. Das Wort Treue wird bei ihm groß geschrieben. Seine Mutter ist das Maß, an dem er andere Frauen mißt. Was er dabei zu sehen bekommt, läßt ihn oft nur den Kopf schütteln: Frauen machen bei Demonstrationen mit, Frauen überfallen Banken, Frauen wollen keine Kinder mehr haben, Frauen verlassen Mann und Kind. Frauen greifen Männer an: »Man kann doch überhaupt keinen Respekt mehr vor Frauen haben.«*

Meine Mutter ist in allen Details mein Vorbild. Ob es jetzt im Geschäftlichen ist, oder wie sie eine Familie führt, oder als Respektsperson.

Wir sind vier Brüder. Äußerlich schlagen wir alle vier mit dem runden Gesicht und den dunklen Augen der Mutter nach. Wenn ich jetzt keinen Schnurrbart und dafür eine Hochfrisur hätte, könnte man sagen: »Ganz die Mutter.« Auch in meiner Art bin ich meiner Mutter unwahrscheinlich ähnlich.

Meine Mutter schafft immer ganz klare Situationen. Bei ihr braucht man nicht zu rätseln, was sie meint. Jetzt ist sie etwas ruhiger geworden, aber früher konnte sie explodieren vor Lachen. Wenn sie wütend war, hat sie geschrien, daß der Wohnwagen gewackelt hat.

Sie sagt immer: »Ich bin der deutsche Michel.« Eben

weil sie jedem knallhart die Meinung sagt. Sie schaut zum Beispiel jemandem ins Gesicht und sagt: »Wissen Sie was? Ich kann Sie nicht leiden.« Da wissen die Leute gleich, wo es langgeht.

Ich habe auch diese Menschenkenntnis. Wenn ich jemandem in die Augen gucke, weiß ich, was ich von dem zu halten habe, ob das jetzt zum Beispiel ein Heimtücker ist oder nicht. Einmal hat der beste Freund meines Bruders in die Kasse gelangt. Ich hatte im Gefühl, daß er es war. Niemand außer mir wollte es glauben. Da habe ich gemeint: »Seht mal da und da nach.« Und es stimmte. Ich bring so etwas dann auch ganz klar zur Sprache.

Auf der anderen Seite ist meine Mutter unheimlich gutmütig. Unser festes Quartier war schon immer in Langen. Um die Ecke herum haben zwei Negerkinder gewohnt. Die waren so arm, daß sie sich nicht einmal etwas zu essen kaufen konnten. Da haben die jeden Tag bei uns mit am Tisch gehockt. Es ist meiner Mutter nicht darauf angekommen, ob sie jetzt für vier oder für sechs Kinder gekocht hat. Und wenn das siebte oder achte oder neunte gekommen wäre, hätte es auch noch etwas gekriegt. Obwohl wir damals selbst finanziell nicht so stark waren, hat sie für jeden etwas übrig gehabt.

Ich laß' auch lieber die anderen mitleben, als daß ich jemanden verhungern laß'. Nur ziehe ich irgendwo Grenzen, während meine Mutter keine Grenzen kennt.

Was ich noch von meiner Mutter habe?

Ja, wenn ich irgendwo reinkomme, bin ich da. Dann kommt ganz schnell ein Gespräch in Gang. Auch mit wildfremden Menschen. Im Cluburlaub auf Gran Canaria geht das ruckzuck. Da gehe ich nicht erst auf Distanz.

Bei meiner Mutter ist das noch ausgeprägter. Sie hat eine unwahrscheinliche Ausstrahlung und zieht sofort Leute an. Sie muß nur dastehen und braucht gar nichts zu sagen. Die Leute gehen auf die Frau zu.

An ihrem 65. Geburtstag sind 350 Gäste gekommen, und es ist ein Feuerwerk abgeschossen worden. Am 28. August wird sie 70 Jahre alt. Das ist ein Sonntag. Wir sind dann in Bad Orb auf der Kirchweih, aber am Freitag darauf wird in Langen gefeiert. Da sieht man dann, was nicht nur in der Familie, sondern auch drumherum abgeht. Da heißt es nicht: »Wir laden den ein und den nicht.« Da kommt der halbe Ort. Von den Schaustellern und den Leuten, mit denen meine Mutter zur Schule gegangen ist, bis zum Behörden- und Freundeskreis ist alles da. Ich rechne diesmal mit gut und gerne 400 bis 500 Leuten. Meine Mutter wird eben von vielen Menschen sehr respektiert. Das war nicht immer so. Das hat sie sich schwer erarbeiten müssen.

Schausteller, das war ja früher fahrendes Volk und wenig angesehen. Heute hat sich das ziemlich gewandelt. Obwohl es immer noch viele Leute gibt, die schief auf Schausteller herabgucken.

Mein Vater kommt aus einer Schaustellerfamilie. Meine Mutter war ursprünglich ein ›Bauer‹. ›Bauern‹ sind für uns Leute, die nicht von der Schaustellerei herkommen. Mein Opa, der Vater meiner Mutter, war Eisenbahner und zuerst gar nicht einverstanden, daß meine Mutter jemanden heiratet, der kein seßhaftes Leben führt.

Das schlechte Image der Schausteller saß wohl immer im Hinterkopf meiner Mutter. Sie ist immer dagegen angegangen. Wir waren als Buben immer angezogen wie aus dem Ei gepellt. Heini, mein ältester Bruder, war vom Alter her schon ein bißchen weg. Aber wir letzten drei liegen immer nur zwei Jahre auseinander, und wir waren immer einheitlich gekleidet. Wenn einer ein weißes Hemd und eine graue Hose gekriegt hat, haben es alle gekriegt. Meine Mutter hat gerne auf ein neues Kleid verzichtet, aber es war ihr Stolz, daß wir anständig aussahen.

Wichtig war ihr auch gutes Benehmen. Wenn ich als

Zehnjähriger über die Straße lief und habe nicht zu einer älteren Person ›Guten Tag‹ oder ›Auf Wiedersehen‹ oder ›Bitte‹ und ›Danke‹ gesagt, dann hieß es: »Was soll denn das? Was ist denn das für ein Benehmen?« Wahrscheinlich hat meine Mutter gedacht, auf Schausteller guckt man besonders.

Meine Eltern haben sich unwahrscheinlich gut verstanden. In der Ehe gab es keine Mißverständnisse. Die absolute Respektsperson in der Familie war mein Vater. Privat stand er über meiner Mutter. Er hat bestimmt, und sie hat es akzeptiert. Geschäftlich war es etwas anderes. Da hatte jeder seinen Bereich. Mein Vater hat den bürokratischen Teil und die Mutter hat die Küche und den Imbiß gemacht.

Der Vater war der Chef und die Mutter die Chefin. Wir haben ganz selten ›Mama‹ gesagt, sondern fast immer ›Chefin‹. Wenn ich sie gebeten habe, »Mama, kannst du mir fünf Mark geben?«, hat sie gar nicht darauf geachtet. Wenn ich aber gesagt habe, »Chefin, kann ich bitte fünf Mark haben?«, hat sie viel eher darauf gehört.

Es ging bei uns ja alles um das Geschäftliche. Nach dem Krieg hat alles ganz anders ausgesehen als heute. Ich war der dritte Sohn und bin 1950 geboren. Das war der Wiederaufbau. Meine Eltern konnten kein Pfund Butter und keine Orangen kaufen. Wir waren eine große Familie und sind mit einem kleinen Wohnwagen von Ort zu Ort gezogen. Alle paar Tage haben wir Kinder eine andere Schule besucht. Bei einem solchen Leben mußte alles seine Ordnung haben, und jeder mußte sich anpassen. Deshalb auch die genauen Richtlinien von seiten der Eltern.

Wenn wir mittags aus der Schule heimkamen, stand das Essen auf dem Tisch, und dann ist gemeinschaftlich gegessen worden. Der Vater saß oben am Tischende. Nasebohren und Klappern am Tisch gab es nicht. Es mußte Ruhe sein. Manchmal ist es vorgekommen, daß wir Brüder uns gegenseitig gekippelt haben. Wenn es zum Beispiel Hühnchen gab, wollte jeder ein Bein haben. Da hat die Mutter dann ganz klar reagiert. Entweder es hat etwas auf die Hörner gegeben, oder das Hühnchen ist durch das Fenster geflogen. Ich finde das richtig. Sie mußte sich durchsetzen. Wenn es Ärger gab, hat es auch Schläge mit dem Kochlöffel gegeben. Man mußte parieren.

Widersprechen kam nicht in Frage. Wir hatten in unserem festen Quartier in Langen einen Superofen, der fast das ganze Haus geheizt hat. Alle vier Wochen sind Briketts vorn im Hof abgeschüttet worden. Die mußten dann im Keller schön aufeinandergesetzt werden. Da gab es nicht: »Ich will das nicht.« Da hätte man was gehört. Bei meiner Mutter – und auch bei meinem Vater – wußte man immer, wo es langgeht.

Für das, was sich heute so Mutterliebe nennt, hatte meine Mutter keine Zeit. Dafür hat sie zu sehr im Geschäft gestanden. Ich kann mich nicht erinnern, daß sie abends an unser Bett gekommen ist und uns vorgelesen oder uns etwas erzählt hat. Ich habe es aber auch nicht vermißt. Ich bekam die Geborgenheit von den Brüdern zu spüren. Im Wohnwagen gab es Doppelbetten, und meistens haben wir zu dritt im Bett gelegen. Da gab es keine Probleme.

Ich meine, man spricht heute zuviel davon, daß eine Mutter immer für ihr Kind da sein muß. Wenn ein Kind niemanden außer der Mutter hat, ist das ja möglich. Aber ist es nicht schlimm, wenn ein Kind so auf die Mutter angewiesen ist? In einer großen Familie geht man doch automatisch mal zu dem und mal zu jenem. Mein Vater und meine Brüder und auch die Omas und Opas waren für mich genauso wichtig wie meine Mutter.

Meine eine Oma hatte einen Süßwarenstand. Bei ihr habe ich die Ferien verbracht, auch da habe ich mich zu Hause gefühlt. Wir waren ein richtiger Familienclan. Das gab es nicht, daß einer ausgeschert ist oder einen eigenen Gedanken gehabt hat.

Meine Brüder und ich haben einen normalen Schulabschluß gemacht. Danach hieß es, wir sollten einen Eignungstest für einen Beruf machen. Ich war als Dekorateur vorgesehen. Aber da hat mein Vater gesagt: »Nene, du lernst mal nix. Du kommst gleich mit ins Geschäft rein, dann siehst du, was los ist.«

So sind wir alle im Geschäft geblieben. Keiner von uns Brüdern hat einen Lehrberuf erlernt. Ich hatte zuerst eine Imbißbude, und dann ist ein Zelt dazu gekommen. 1968 haben wir ein großes Kinderkarussell gekauft. Das hat der jüngste Sohn, der Wenzel, übernommen. Mein zweitältester Bruder hat einen Autoscooter. Heini, der älteste, einen Schießwagen. Insgesamt haben wir sechs Betriebe. Wir gehören zu den größten Schaustellern in Hessen. Ich kann dazu ganz klar sagen: Wenn unsere Mutter uns nicht so erzogen hätte, daß alles seine Ordnung haben muß, hätten wir es nie so weit geschafft. Wir haben von ihr die Disziplin übernommen, und deshalb heißt es heute überall: Haussmann, Haussmann. Welcher Haussmann ist dann egal.

Am 11. März 1973 ist der Vater gestorben. In den Sommermonaten hatte meine Mutter viel Arbeit und war abgelenkt. Aber als das Jahr auf Weihnachten zuschritt, war sie immer wieder verschwunden. Und wo ist sie hingegangen? Auf den Friedhof. Meine Brüder und ich haben uns viel Sorgen gemacht und sind immer wieder mit dem Auto zum Friedhof gefahren, um uns zu überzeugen, ob sie wirklich da ist. Das ging so ein paar Jahre. Aber wenn ich sehe, wie sie heute noch das Grab pflegt, dann merke ich, daß sie immer noch nicht über den Tod des Vaters hinweg ist. Sie gibt es nur nicht preis.

Seit der Vater gestorben ist, hat sich meine Mutter noch mehr ins Geschäft gehängt. Sie geht mit dem Geschäft ins Bett und überlegt, was man noch besser machen könnte. Sie ist nach wie vor die Chefin von uns Brüdern, und das soll sie auch bleiben. Ich würde ihr, solange sie lebt, die Rolle der Chefin lassen. Das ginge auch gar nicht anders. Wenn wir sie nicht mehr als Oberhaupt der Familie akzeptieren und in ihre Wohnung setzen würden, könnten wir sie ein paar Wochen später beerdigen.

Weil ich den großen Imbiß habe, arbeite ich am engsten mit unserer Mutter zusammen. Fahrgeschäft ist nichts für sie. Sie muß schaffen. Meine Mutter ist ja ein Tier. Ich habe gesagt: »Wenn sie einmal stirbt, stirbt sie im Kittel.« Sie muß immer arbeiten. Die Schausteller vom ganzen Umkreis wundern sich sowieso, wie sie das macht.

Im Januar dieses Jahres hatten wir Delegiertentag, bei dem sich unter anderem 600 Schaustellerinnen getroffen haben. Wir haben den Imbiß gemacht, und da hat sich meine Mutter auch wieder dafür verantwortlich gefühlt, daß alles klappt.

Es war soviel los, daß wir nicht einmal pinkeln gehen konnten. Da habe ich zu meiner Mutter gesagt: »Wir werden jetzt mal den fertig zubereiteten Salat probieren.« Kam nicht in Frage. Der Salat mußte vom Großmarkt geholt und frisch zubereitet werden. Kein Mensch macht heute noch so etwas. Außer meiner Mutter. Alles muß immer ganz frisch sein. Das ist ihr Stolz. Damit haben wir uns aber letzten Endes auch einen Namen gemacht.

Ohne meine Mutter läuft nichts. Sie schafft für die Kinder und hält das Geld und die Familie zusammen. Wenn sie daheim in Langen ist, backt sie für jeden einen Kuchen, oder sie braucht die Enkelkinder um sich herum. »Will denn der Dennis nicht wieder einmal bei mir schlafen?« heißt es dann. Dennis ist mein ältester Sohn.

Heilig Abend wäre es für sie eine Demütigung, wenn nicht die ganze Familie zu ihr käme. Wie groß mag die Wohnung der Chefin sein? Zwischen 30 und 35 Quadratmeter, schätze ich. Wir sind vier Söhne mit vier

Frauen, dann sind die ganzen Enkelkinder da, und dann werden die Weihnachtsgeschenke aufgerissen. Wie im Basar. Ein Wahnsinn.

Während es dann bei anderen Leuten Kaviar gibt, haben wir heiße Fleischwurst und Kartoffelsalat. Das ist Tradition. Seit der Zeit, als die Eltern in Darmstadt bis zwei Uhr auf dem Weihnachtsmarkt standen. Danach mußte abgebaut werden, und bis sie nach Hause kamen, war es sechs oder sieben Uhr. Daher das schnelle Essen.

Von der Jahreszeit her wäre es manchmal günstiger, ich könnte vor Heilig Abend mit meiner Familie in Urlaub fahren. Aber das würde ich nicht machen. Ich würde immer erst am 26. oder 27. Dezember fliegen, um meiner Mutter die Genugtuung zu geben, daß sie an Weihnachten die Familie zusammen hat.

Ich bin ein Familienmensch und denke über die Ehe wie meine Mutter. Wenn man sich einmal für einen Menschen entscheidet, dann bleibt man dabei. Als ich das erste Mal geheiratet habe, dachte ich deshalb auch, es sei für das ganze Leben. Aber das ging nicht. Meine Frau ist nie mitgekommen, wenn ich irgendwo hingegangen bin. Sie hat sich abgesondert und ist nicht ins Publikum gegangen. Ich gehe vielleicht zuviel ins Volk rein. Es war auf jeden Fall keine Einheit mehr da und hat nichts Positives mehr gegeben. Da habe ich gesagt, uns bleibt nur eines übrig: Wir müssen uns scheiden lassen.

Meine Mutter will normalerweise alles wissen. Aber davon hat sie erst über Dritte erfahren. Sie hat mich dann in ihren Wohnwagen gerufen: »Man läßt sich nicht scheiden. Du hast ein Kind mit der Frau.« Und dann hat sie mir die Vorzüge meiner ersten Frau aufgezählt. Das eine Wort ging ins andere über. Als sie nicht mehr wußte, wie sie mich treffen sollte, hat sie gerufen: »Hinter meinem Sarg brauchst du nicht herzulaufen.« Meine zweite Frau stand damals auf dem Platz, und sie hat gesagt, ich sei mit knallrotem Kopf aus dem Wohnwagen meiner Mutter gelaufen. Ich war auch fix und foxi. Wie konnte sie so etwas sagen. »Hinter meinem Sarg brauchst du nicht herzulaufen.« Mein ältester Bruder hat das später wieder glattgebügelt. Im Grund hat meine Mutter aber nie kapieren können, daß einer von ihren Söhnen geschieden ist. Sie hat ja auch in gewisser Weise recht. Durch eine Scheidung kann ein ganzes Geschäft kaputtgemacht werden. Seit zwei Jahren bin ich wieder verheiratet. Wir haben einen Sohn von acht Monaten. Mein dreizehnjähriger Sohn aus erster Ehe lebt in einem eigenen Wohnwagen neben uns. Er versteht sich super mit meiner jetzigen Frau. Besser als mit seiner leiblichen Mutter. Als meine Frau mit dem Baby aus dem Krankenhaus kam, hat er besser als sie mit den Windeln und dem Fläschchen und diesen Sachen Bescheid gewußt. Er hat auch schon diesen Familiensinn.

Ich erziehe meine Söhne nicht so hart, wie es früher manchmal bei uns üblich war. Aber sie müssen auch wissen, wo es langgeht. Man sieht ja heute, was aus den Jugendlichen wird, die zuviel Freiheiten haben. Was sind sie? Die größten Demonstranten.

Auch bei den Angestellten muß alles seine Ordnung haben. Wenn ich einem etwas erlaube, tanzen auch die anderen neun aus der Reihe. Will jemand nicht arbeiten, dann sage ich: »Wir sind ein Dienstleistungsbetrieb. Wenn sie Geld verdienen wollen, müssen sie etwas dafür tun. Oder sie lassen es sein. Dann trennen wir uns.« Da muß es ganz klare Linien geben.

Ich denke da genauso wie meine Mutter. Mit ihrer Gradlinigkeit hat sie sich Respekt verschafft. Bei mir ist es heute auch so: Egal, wo ich hingehe, die schauen nicht mehr auf mich als Schausteller runter, sondern zu mir auf. Das ist für mich eine Bestätigung.

Um unseren Berufsstand nach außen hin zu verkörpern, habe ich gestern den Vorsitz unseres Fußballclubs übernommen. Es waren 120 Leute da. Bis auf einen, der gesagt hat: »Ich kenn' den Eddi nur als Torwart«, haben alle für mich gestimmt. Da muß doch etwas dran sein, daß die auf mich gestoßen sind. Obwohl im Verein Bessere und Aktivere sind, die für den Posten geeignet gewesen wären.

In meiner Rede habe ich dann gesagt: »Wißt ihr was? Was soll ich euch lange einen Vortrag halten. Wenn ich viel erzähle, erzähle ich viel Blödsinn. Wir warten ab. Ich arbeite mich ein. In einem halben Jahr seht ihr das Ergebnis. Ich will eine gute Zusammenarbeit mit allen. Auf ein Neues, packen wir es an.« Da wußte jeder Bescheid und jeder war froh, daß nicht soviel geredet wurde. Früher zu Hause wurde auch nicht viel geredet. Es wurde gemacht.

Meine Frau ist wie meine Mutter ein ›Bauer‹. Sie kommt nicht aus einer Schaustellerfamilie und hat Speditionskauffrau gelernt. Sie hatte immer eine selbständige Arbeit und eine eigene Meinung. Sie hat eben ihren eigenen Kopf, und die Chefin hat auch ihren eigenen Kopf. Wenn meine Frau sieht, daß letzten Endes doch immer alles so gemacht wird, wie die Chefin es will, zieht sie sich zurück.

Wir waren diese Woche abends essen, und da habe ich deshalb zu meiner Frau gesagt: »Du mußt mir im Geschäft noch mehr abnehmen. Je früher du dich um alles kümmerst und dich dabei mit meiner Mutter abstimmst, desto leichter hast du es später. Du bist die zukünftige Chefin.«

Wobei ich meiner Mutter nichts Böses nachsagen will. Sie kann noch zehn oder auch noch zwanzig Jahre die Chefin sein. Um Gottes Willen. Aber wenn etwas passiert, und das kann man ja nicht vorhersagen, dann muß meine Frau das voll übernehmen. Anders wäre das gar nicht zu praktizieren.

## Es war alles wahnsinnig oberflächlich

*Jörg Hartung, 27, Dreher*

*Eine Freundin gab mir seine Telefonnummer. Als ich anrief, war er sofort bereit, zu mir zu kommen und über sich und sein Verhältnis zu seiner Mutter zu sprechen. Wir verabredeten uns für nachmittags um drei Uhr. Als er pünktlich auf die Minute kam, hatte er nicht den Fahrstuhl genommen, sondern war die sieben Stockwerke zu meiner Wohnung zu Fuß hochgegangen. Sein Anblick irritierte mich. Er paßte in unser wohlanständiges Haus so wenig wie eine Badewanne in eine Bibliothek. Über seine Schultern wallten lange schwarze Korkenzieherlokken. Seine Jeans waren unzählige Male geflickt und schon wieder halb zerfetzt, die Hemdknöpfe fehlten.*

*Es ging jedoch eine große Zuversicht von ihm aus, und er war mir sofort sympathisch. Als er auf dem Sofa saß, griff er sich zwei Kissen und schob sie sich in den Rükken. Er machte es sich bequem. Andere Gesprächspartner mußte ich häufig ermuntern, doch bitte ein bißchen mehr aus sich herauszugehen, ihn nicht. Er sprach drei Stunden frei von der Leber weg. Dabei blickte er so aufmerksam in mein Gesicht, als wollte er mich später malen.*

Ich habe mit dreizehn Jahren angefangen, Alkohol zu trinken. Später bin ich auf harte Drogen umgestiegen. Seit zwei Jahren bin ich clean. Ich habe es überlebt, weil meine Mutter mich nie fallengelassen hat. Ich konnte immer zu ihr kommen.

Etwas Ähnliches habe ich bei anderen Müttern nicht gesehen. Ich habe meistens Eltern erlebt, die sich irgendwann von ihren Kindern abgewandt haben, wenn sie immer wieder rückfällig wurden. Meine Mutter hätte mich nie aufgegeben. Sie ist für mich eine bewundernswerte Frau.

Mein Vater hat nie viel von meiner Sucht mitgekriegt. Einmal, weil meine Mutter, so gut es ging, alles vor ihm vertuscht hat. Andererseits ist er ein Mensch, der mit Scheuklappen durchs Leben geht. Was er nicht sehen will, gibt es nicht für ihn. Ich hatte immer große Schwierigkeiten, meinen Vater zu akzeptieren. Er ist selbständiger Tischlermeister und war im Hochleistungssport sehr erfolgreich. Er hat geboxt. Wenn er nicht in der Werkstatt war, hat er trainiert. Er war selten zu Hause und hatte keine Verantwortung für die Dinge, die dort passierten. Trotzdem hatte er in der Familie die Macht. Meine Mutter war fast immer zu Hause. Sie trug die Verantwortung für die Erziehung der Kinder und den Haushalt. Aber sie hatte keine wirkliche Macht.

Meine Mutter war siebzehn Jahre und mein Vater nicht viel älter, als sie heirateten. Sie haben einfach zusammen weitergemacht, was sie von ihren Eltern gelernt hatten. Mein Vater hat das Geld verdient, und meine Mutter hat es für die Familie ausgegeben. Mein Vater hat sich bedienen lassen, und meine Mutter hat ihn bedient. Sie hat es sogar gerne getan. Es wäre ihr nie in den Sinn gekommen, daß es anders sein könnte. Meine Mutter ist jemand, der immer etwas für andere tun muß. Sie denkt nie an sich selbst.

Ich habe noch einen neun Jahre älteren Bruder und eine fünf Jahre ältere Schwester. Unsere Mutter hat alles für uns Kinder gemacht. Gekocht, genäht und gestrickt. Wir mußten nie helfen. Sie hat uns immer alles abgenommen und war eigentlich eine richtige Mutter-Glucke. Das sieht man ihr auch an. Sie hat so richtig schöne weiche Formen, überhaupt nichts Spitzes. Ich habe eine ganz alte, unheimlich warme Erinnerung. Es war morgens in der Küche. Das Licht war nicht sehr hell. Meine Mutter hat für meinen Vater und meine

Geschwister das Frühstück gemacht und mir dann das Fläschchen gegeben. Ich weiß jetzt noch den süßen Geschmack der Milch in dem Fläschchen. Als ich zehn Jahre alt war, bekam ich während einer Urlaubsreise sehr schlimme Zahnschmerzen. Die Sonne schien durch das Autofenster. Ich lag auf dem Schoß meiner Mutter, und sie hat mir dauernd die Wange gestreichelt.

Auf der einen Seite war meine Mutter ganz liebevoll und mütterlich. Auf der anderen Seite war sie von einer abgrundtiefen Oberflächlichkeit. Es ging ihr nicht darum, sich ihrer eigenen Person bewußt zu werden. Sie hat sich ständig durch irgendwelche Sachen ablenken lassen.

Weil mein Vater in den ersten Jahren noch nicht so viel verdient hat, hat sie morgens im Büro gearbeitet. Nachmittags war sie zu Hause und ständig auf Trab. Irgendwo dudelte immer ein Radio. Sobald mein Vater abends nach Hause kam, wurde der Fernseher eingeschaltet. Ständig lief dieser Apparat. Damit war jedes Gespräch abgewürgt. Wenn doch einmal ein paar Worte gesprochen wurden, ging es darum: »Sind die Kinder auch sauber angezogen ... wohin fahren wir in den Urlaub ... wie bezahlen wir das neue Auto?« Ein wirkliches Gespräch gab es nicht. Probleme wurden sowieso grundsätzlich ausgeklammert. Alles mußte reibungslos ablaufen.

Ich hatte keine Beziehung zu meinem Bruder und keine zu meiner Schwester, und auch zwischen meinem Vater und mir war eine große Fremdheit. Nach außen hin heile Welt und nach innen die absolute Leere. Das war alles so unwirklich. Als ob man Familie spielt, es aber gar nicht wirklich ist.

Meiner Mutter war zum Beispiel immer wahnsinnig wichtig, was die Nachbarn sagten und taten. Sie wollte nicht auffallen und keinen Anlaß zu Gerede geben. Aus meiner heutigen Sicht war sie eigentlich früher ein Mensch ohne Konturen. Wahrscheinlich war sie einfach noch zu jung und ist zu früh in eine Rolle reingerutscht.

Ich glaube, meine Mutter hatte auch ein bestimmtes Bild im Auge, wie Kinder sein müssen. Ebenso lieb und nett und unkompliziert, wie es die Kinder im Fernsehen sind. So habe ich mich wahrscheinlich dann auch immer gegeben. Ich war nie ich selbst. Bei meinen Freunden habe ich zum Beispiel immer so getan, als sei ich der Allergrößte. Ich war ein wahnsinniger Angeber. Innerlich fühlte ich mich dagegen ganz klein.

Als ich älter wurde, war ich von Zeit zu Zeit furchtbar niedergeschlagen. Ich habe wahnsinnige Ängste entwickelt, und ich hatte niemanden, mit dem ich darüber sprechen konnte. Meine Mutter nicht und auch sonst niemanden. Ich war vor Angst oft völlig blockiert.

Ich bin mit Angst in die Schule gegangen und wußte eigentlich nie, um was es da ging. Ich habe nichts kapiert und wußte nur: Da ist meine Angst. Abends konnte ich oft vor Angst nicht einschlafen. Ich habe mir dann vorgestellt, wie es sein wird, wenn ich erwachsen bin. Ich habe mich als Star in einem Film gesehen, wie ich nachts in New York mit einer wahnsinnig tollen Frau in einen Jaguar steige, und gedacht: »Jetzt ist das Leben Scheiße, aber wenn ich erwachsen bin, wird alles ganz toll.«

Aber es ist eben nie toll geworden. Mir kam alles so sinnlos vor, und ich habe oft gedacht: »Warum lebe ich eigentlich?« Ich war so wahnsinnig lebensuntüchtig und ständig auf der Suche nach etwas, wo ich mich vergessen kann. Ich wollte Ruhe vor mir haben und etwas erleben, was mich von meinem Selbst wegbringt. Wenn ich damals jemanden kennengelernt hätte, der tolle Musik macht oder Achttausender besteigt, hätte ich vielleicht versucht, da mitzumachen. Aber ich habe so jemanden nicht kennengelernt und bin auf Drogen gekommen.

Angefangen hat es mit Alkohol. Zuerst mit Apfelwein während einer Fahrt mit einer Jugendgruppe. Danach mit Bier. Wenn ich Alkohol trinke, werde ich ganz still. Meine Mutter hat mich dann gefragt: »Träumst du schon wieder?« Ihr ist gar nicht aufgefallen, daß ich langsam zum Alkoholiker werde. Ich wollte auch nicht, daß sie meinetwegen Kummer hat und habe deshalb aufgepaßt, daß sie so wenig wie möglich mitbekommt.

Als ich sechzehn war, hat mir Alkohol nicht mehr gereicht. Ich war auf der Suche nach einer härteren Droge. Durch eine Freundin bin ich mit Leuten zusammengekommen, die Haschisch rauchten. Es hat mich da niemand angemacht und gesagt: »Probier das doch mal.« Ich wollte es selbst versuchen und kann niemanden für meine Sucht verantwortlich machen.

Durch Hasch bin ich dann wirklich an eine innere Zufriedenheit rangekommen. Später bin ich umgestiegen auf Kokain, Tabletten und LSD. Zum Schluß habe ich nur noch Heroin und Tabletten genommen.

Während der ersten Jahre habe ich trotz der Drogen ein ganz normales Leben geführt. Nach der Hauptschule hatte ich eine Lehre als Dreher angefangen. Eigentlich wollte ich nach einem Jahr wieder aufhören. Die Arbeit in der Fabrik kam mir so absurd vor. Meine Eltern haben jedoch gesagt: »Du fängst alles an und machst nichts fertig. Beende wenigstens die Lehre.« Ich habe mir gedacht: »Es ist sowieso egal, was du machst«, und habe weitergearbeitet und die Abschlußprüfung mit viel Mogeln bestanden.

Daß ich Drogen nehme, hat meine Mutter erst gemerkt, als ich schon neunzehn Jahre alt und von Kopf bis Fuß süchtig war. Ich weiß nicht, ob sie vorher schon etwas geahnt hat. Nach Fernsehsendungen über Drogensüchtige hat sie mich manchmal so prüfend von der Seite angesehen und gefragt: »Du nimmst doch nicht etwa diese Sachen?«

»Ach Unfug, ich nehme doch keine Drogen«, habe ich dann gesagt.

Lange Zeit hat sie sich dadurch beruhigen lassen und alles weggeschoben. Sie wollte es wahrscheinlich nicht wahrhaben. Es paßte nicht in das Bild, das sie von unserer Familie hatte. Sie war früher auch ein bißchen wie mein Vater, der ja auch alles ausklammert, was er nicht sehen will. Ich habe das inzwischen auch bei vielen anderen Menschen festgestellt. Was sie beunruhigt, schieben sie beiseite. Obwohl es sich direkt vor ihren Augen abspielt. Das ist ein Wahnsinn. Ich könnte das nie.

Irgendwann kam der Punkt, an dem ich die Faxen dick hatte und nicht mehr wie bisher weitermachen wollte. Als ich eines Morgens wieder einmal keine Lust hatte, aufzustehen und den ganzen Tag in der Fabrik zu arbeiten, bin ich zu meiner Mutter in die Küche gegangen und habe ihr gesagt: »Hör' mal, Mama, ich nehme Drogen, und ich nehme auch Heroin.«

Sie war zuerst so erschrocken, daß sie gar nicht gewußt hat, was sie sagen soll. Plötzlich brach so ein Problem auf sie ein, und sie konnte das auch nicht mehr wegschieben. Aber dann hat sie etwas gemacht, was ich ganz toll finde. Sie hat nicht gefragt: »Wie konnte das nur passieren« oder »Was werden die Leute sagen?« Das war ihr auf einmal völlig egal.

Sie hat überlegt: »Was kann ich machen, damit er von den Drogen wegkommt?« Mit meinem Vater hat sie kein Wort über die Sache gesprochen. Wahrscheinlich wollte sie ihn nicht beunruhigen. Vielleicht hat sie meine Sucht auch als ihr Versagen angesehen. Das könnte sein. Ich muß sie mal danach fragen.

Seit dem Tag, an dem ich ihr die Wahrheit gesagt habe, hat sie nie mehr ihre Augen vor meiner Sucht verschlossen. Sie ist auf die Drogenberatungsstelle gegangen, und dort hat man ihr geraten, mich zu einer Therapie zu überreden. Sie hat es versucht, aber ich habe gemeint: »So schlimm ist es nicht mit mir. Ich brauche das nicht und komme schon allein wieder runter von den Drogen.« Damit habe ich meine Mutter vorübergehend noch einmal beruhigen können.

Es war sogar meine Überzeugung, daß ich mit den Drogen aufhören kann, wann ich es will. Bis zum Schluß habe ich nicht an die Konsequenzen meiner Sucht gedacht. Ich habe gemeint, ich könne eine Pumpe mit Gift nehmen und sie mir in die Vene drücken und mir passiert nichts. Alle anderen werden süchtig, aber ich nicht. Ich habe Leute sterben sehen und war der Meinung, das habe mit mir nichts zu tun. Als Süchtiger sieht man die Realität nicht.

Nach dem Gespräch mit meiner Mutter habe ich wie vorher weitergemacht. Weil ich aber Gewissensbisse hatte und auch nicht immer vor Augen haben wollte, wie sie leidet, bin ich grad noch zum Schlafen nach Hause gekommen. Oft habe ich auch für längere Zeit bei einem Freund oder einer Freundin gelebt.

Ab meinem zwanzigsten Jahr fing ich an, wahllos alles zu konsumieren: Autos, Motorräder, Videos, Frauen, Diskotheken, Sex und Drogen. Die Drogen brachten mir aber inzwischen keine Zufriedenheit mehr. Das war nur noch Dreck und Krampf.

Viele Jahre hatte ich meinen Verbrauch damit finanziert, daß ich Drogen eingekauft und wieder verkauft hatte. Jetzt konnte ich das nicht mehr kontrollieren und habe bis zum letzten Rest alles selber verbraucht. Ich hatte kein Geld mehr und mußte klauen gehen, um mir das Zeugs kaufen zu können.

Ein paarmal bin ich beim Diebstahl erwischt worden. Immer nur wegen kleinerer Sachen. Ich habe Bewährung gekriegt, aber einmal saß ich einen Tag im Knast. Ich habe gedacht, ich werde verrückt. Ich wollte nicht weiterleben.

Und da ist meine Mutter gekommen und hat gesagt: »Komm doch wieder heim.« Keine Vorwürfe, nichts. Das war für mich wie ein Rettungsreifen, von den Drogen loszukommen. Ich habe dann in Darmstadt eine

Therapie angefangen. Nach sieben Monaten habe ich gedacht, jetzt sei ich clean und bin rausgegangen. Drei Monate später war ich so heftig auf Heroin wie nie vorher. Ich wußte, mein ganzes Leben ist Mist. Ich wollte mit mir selbst nichts mehr zu tun haben und hatte nur noch Ruhe im Kopf, wenn ich in so einer Art Bewußtlosigkeit lebte. Ich war so fertig, daß ich keine Kraft mehr hatte zum Klauen. Ich habe das billigste Zeug genommen und hatte manchmal davon so schlimme Schmerzen, daß ich dachte, mir fliegt die Schädeldecke weg. Ein paarmal bin ich zu meiner Mutter gegangen und habe sie angefleht, mir Geld zu geben. Sie hat gesehen, ich gehe an dem Zeug kaputt. Das muß sie in einen wahnsinnigen Zwiespalt gebracht haben. Weil ich aber so gebettelt habe, hat sie es nicht über sich gebracht, ›nein‹ zu sagen. Erst nach ein paar Monaten hat sie mir das Geld verweigert.

Weil ich nicht mehr ohne die Drogen sein konnte, habe ich dann ihren Nerzmantel und ihren Schmuck aus dem Schrank geholt und verkauft und unser Videogerät weggebracht. Das hat ihr furchtbar weh getan. Da hat sie geweint. Der Gedanke daran ist für mich heute noch ganz schrecklich.

Ich war dann an dem Punkt, an dem ich wirklich nicht mehr leben wollte. Ich wollte einfach weg sein. Ich habe mich dann mit einer Überdosis aufs Fahrrad gesetzt, habe einen Unfall gehabt und bin im Krankenhaus wieder aufgewacht.

Das war mein Tiefpunkt, an dem ich kapituliert habe. Der Punkt, den jeder Süchtige braucht. Sonst ist keine Genesung möglich. Durch den Unfall habe ich einen Splitterbruch am Arm davongetragen und war sechs Wochen im Krankenhaus. Meine Mutter hat mich besucht und mir gesagt, daß sie mich nicht aufgibt. Das hat mir dann aber auch nicht mehr geholfen. Ich hätte jemanden gebraucht, der mir ganz enge Grenzen zeigt.

Jemand hatte mir einmal von einer Lebensgemeinschaft erzählt, in der jeder hart arbeiten muß und wo sehr strenge Regeln herrschen. Dort wollte ich den Rest meines Lebens verbringen. Als ich aus dem Krankenhaus kam, habe ich meinen Koffer gepackt. Meine Mutter hat mir einen Kaffee gekocht, und auf einmal wußte ich: Das harte Leben schaffst du nicht. Es wird keine zwei Wochen dauern, dann haust du wieder ab.

Meine Mutter war ganz verzweifelt und irgendwie so demütig. Ich wußte, ich bin schuld daran und habe mich so schlecht gefühlt. Schließlich habe ich gedacht: »Ich muß noch einmal eine Therapie versuchen. Das ist meine letzte Chance.«

Ich habe dann ein Jahr lang in dem gleichen Heim, in dem ich schon vorher war, Therapie gemacht. Während der ersten Monate war mein Arm noch kaputt. Ich konnte nicht am Sport und den ganzen anderen Aktivitäten teilnehmen und war sehr auf mich angewiesen. Auf die Weise habe ich intensiv mitgekriegt, daß mein ganzer Charakter von der Sucht geprägt worden und daß ich krank war.

Ich hatte wahnsinnige Angst, rückfällig zu werden. Jeden Morgen habe ich gedacht: »Hoffentlich muß ich nicht wieder drücken. Nichts ist schlimmer, als wieder auf Heroin zu kommen.«

Nach einem Jahr ging es mir besser. Aber ich wußte, daß ich noch lange nicht in Ordnung war. Um clean zu bleiben, habe ich mich bei der Selbsthilfegruppe ›narcotics anonymus‹ angemeldet. Die haben ein Programm in zwölf Schritten, bis man wirklich von den Drogen runter ist.

Das mache ich jetzt auch schon wieder ein Jahr. Ich habe gelernt, daß clean zu sein Spaß macht. Es gibt Tage, an denen ich mich ganz weg von den Drogen fühle, und dann denke ich: »Für immer.« Aber dann kommen wieder Tage, an denen ich zu mir sage: »Es gibt keine Sicherheit, daß du clean bleibst. Du mußt dich vor dir selbst hüten.«

Mit meiner Mutter kann ich nicht über solche Dinge sprechen. Seitdem ich clean bin, ist sie wieder richtig aufgeblüht. Sie denkt, mir kann jetzt nichts mehr passieren. Sie weiß nicht, daß man als Süchtiger immer gefährdet ist.

Vor drei Wochen hatte ich noch einmal einen wahnsinnigen Druck im Kopf. Ich habe gewußt: Vor der Tür steht mein Auto, hier ist mein Geld, und in einer halben Stunde bin ich in Frankfurt. Dort bekomme ich Heroin.

Da habe ich mich hingekniet und habe gebetet: »Ich schaff' das nicht mehr. Ich weiß nicht mehr, was ich tun soll. Bitte, Gott, nimm mir diesen Wahnsinn.« Und ich mußte diesem extremen Druck tatsächlich nicht nachgeben.

Ohne meinen Glauben würde ich heute nicht mehr leben wollen. Daß es eine Macht gibt, die größer ist als ich, habe ich zum erstenmal im Krankenhaus erfahren. Durch einen Zufall habe ich dort ›I Ging‹, das älteste Buch Chinas, in die Hand bekommen. Dieses Buch hat mein Bewußtsein geöffnet. Später habe ich die Bibel gelesen, und die hat mir dann zusätzlich Kraft gegeben, mein Leben noch einmal neu anzufangen. Ich kann heute sagen, daß ich dankbar bin für meine Sucht, denn sonst wäre ich nicht an den Glauben gekommen.

Meine emotionale Entwicklung hat ja mit meinem dreizehnten Lebensjahr aufgehört. Ich habe so viel nachzuholen. Es gibt immer noch Dinge, die mir Angst machen. Die Menschen auf der Straße sind so abgestumpft. Da findet kein Blickkontakt statt. Jeder lebt für sich. Das ist Wahnsinn.

Aber ich muß das ja nicht mitmachen. Ich versuche so flexibel und offen zu werden, wie es geht und merke immer mehr, wieviel Einfluß das Positive auf mich gewinnt. Im letzten Sommer war ich mit Leuten von der Selbsthilfegruppe in England. Dort habe ich mit einem Mann, der seit zwölf Jahren clean ist, auf den weißen Klippen gesessen und auf das Meer geguckt. Davon zehre ich.

Ich merke immer mehr, wie meine Selbstbesessenheit zerbricht, und daß ich Gefühle wie Liebe und Freundschaft erfahren kann. Meine Mutter besuche ich sehr oft. Ich versuche, ein Stück von dem Leid, das ich ihr angetan habe, wieder gutzumachen, indem ich ihr meine Liebe zeige. Wenn sie Migräne hat und auf dem Sofa liegt, kitzel ich ihr die Füße, wie ich es manchmal als Kind gemacht habe. Oder ich lasse sie an den guten Dingen teilhaben, die ich erlebe. Ich erzähle ihr auch von meinem Glauben. Sie hat dafür ein sehr offenes Ohr.

Durch meine Sucht sind meine Mutter und ich uns sehr nahe gekommen. Sie hat aufgehört, mich so zu sehen, wie sie mich sehen will. Sie akzeptiert mich, wie ich wirklich bin. Wir können über fast alles miteinander sprechen.

Vor kurzem habe ich ihr gesagt, daß mir das Leben meines Vaters und überhaupt das ganze Leben in unserer Gesellschaft so ausgeklügelt vorkäme. Das funktioniert alles so blendend. Jeder will mehr besitzen. Also ist er immer mehr bereit, Pflichten einzugehen und zu funktionieren. Und dabei wird er krank, weil er nicht weiß, wer er eigentlich ist. Da hat meine Mutter gemeint: »Eigentlich hast du recht.«

Meine Mutter verschließt sich nicht mehr vor der Wirklichkeit, und sie richtet sich auch nicht mehr danach, was andere Leute sagen. Sie ist viel offener als mein Vater.

Ich habe während der letzten Zeit ein paarmal versucht, mit meinem Vater ins Gespräch zu kommen. Er vertritt seinen Standpunkt aber so massiv, daß für eine andere Meinung kein Spielraum ist. Er will nicht nachdenken. Auch nicht über sich. Wenn er keine Arbeit hat, spürt er sich und bekommt Herzschmerzen und alles mögliche.

Ich merke jetzt auch, wie wenig Freiheit mein Vater meiner Mutter läßt. Überall muß sie dabei sein. Es ist gerade noch in Ordnung, wenn sie ohne ihn in die Frauensauna und zu meiner Tante geht. Letzten Endes hat mein Vater mit dieser Haltung jedoch nur draufgezahlt. Er ist sehr unselbständig und im Grunde völlig auf meine Mutter angewiesen.

Manchmal möchte ich meiner Mutter am liebsten sagen: »He, hau doch ab. Mach diesen Mist doch nicht mehr mit.« Aber es hat auch keinen Sinn, Leute nach 37 Jahren Ehe auseinanderbringen zu wollen. Außerdem ist meine Mutter inzwischen auch so an meinen Vater gewöhnt, daß sie ohne ihn wahrscheinlich todunglücklich wäre.

Für mich käme eine Beziehung, wie meine Eltern sie haben, niemals in Betracht. Es würde mich krank machen, wenn ich mit einer Frau zusammenleben müßte, zu der ich so wenig innere Berührung habe. Ich will nicht so oberflächlich dahinleben, sondern voll mitkriegen, was in der Frau vorgeht. Und sie soll auch alles von mir wissen. Weil ich zu Hause erlebt habe, wie es ist, wenn alles so dahinplätschert, bin ich da vielleicht sogar etwas extrem.

Ich habe seit acht Jahren eine Freundin. Christiane hat die gleichen schönen runden Formen wie meine Mutter. Sie verkörpert damit für mich das Bild von Weiblichkeit. Im Gegensatz zu meiner Mutter ist sie jedoch sehr selbständig und eigenwillig. Ich möchte auch nie eine Frau haben, die wie meine Mutter alles für mich tut. Da kann es keine wirkliche Partnerschaft und Gleichberechtigung geben. Die Erfahrung habe ich bei meinen Eltern gemacht.

Christiane war auch viele Jahre süchtig und ist jetzt auch clean. Wir haben einen Teil unserer Sucht gemeinsam verbracht. Zwischendurch haben sich unsere Wege immer wieder für lange Zeit, manchmal für Jahre, getrennt. Ich war dann mit anderen Frauen zusammen, aber ich habe immer ganz genau gewußt, daß mein Gefühl mich zu Christiane zieht.

Man sagt ja, es gäbe in jedem Menschen den Engel und den Teufel. Im normalen Leben kommt keines ganz raus. Aber wenn man süchtig ist, gibt es diese Extreme. Christiane und ich haben voneinander die ganz positiven und die ganz negativen Seiten kennengelernt. Wir wissen voneinander Sachen, die kein anderer Mensch jemals erfahren wird.

Christiane war darüber oft furchtbar erschrocken. Sie kommt aus einer Familie, in der alles genauso oberflächlich ablief wie bei uns zu Hause und hatte immer große Angst vor Nähe. Sie ist deshalb immer wieder vor mir weggelaufen, weil sie nicht wollte, daß wir so eng zusammenwachsen.

Aus lauter Verdrehtheit hat sie dann auch noch einen anderen Typ mit reingebracht. Weihnachten war sie mit ihm in Berlin. Mitten in der Nacht hat sie mich dann angerufen und war total am Ende.

»Ich kann nicht mehr«, hat sie gesagt, »ich laufe immer weg vor dir und deiner Liebe.«

»Es ist in Ordnung«, habe ich gesagt, »nimm den nächsten Zug und komm nach Frankfurt zurück. Ich hole dich dann vom Bahnhof ab.«

Seitdem hat sich etwas geändert. Christiane ist immer noch oft verschlossen. Aber sie ist bereit, mit unserer Beziehung einverstanden zu sein. In den letzten Monaten ist es wirklich sehr gut, was zwischen uns passiert.

Zur Zeit lebe ich noch vom Sozialamt. Das war bisher in Ordnung. Ich habe da kein schlechtes Gewissen. Aber jetzt möchte ich etwas tun. Christiane und ich wollten eigentlich für ein halbes Jahr nach Indien gehen. Aber schließlich haben wir gemeint, jetzt ist nicht die Zeit dafür. Wir verschieben das auf später.

Ich beginne statt dessen im Herbst eine Ausbildung als Arbeitstherapeut. Danach kann ich mit arbeitslosen Jugendlichen oder Süchtigen in Therapieeinrichtungen zusammenarbeiten. Da sehe ich einen Sinn drin, und das würde mir auch Spaß machen.

Ich glaube, mein Leben wird gut. Ich komme immer mehr mit mir ins Reine. Wahrscheinlich war alles, was bis jetzt passiert ist, das Richtige für mich.

## Die erste Frau in seinem Leben – Betrachtungen

Bevor ich mit den Interviews für dieses Buch begann, war ich der Meinung, die Bindung von Söhnen an ihre Mütter sei weniger eng als die von Töchtern an ihre Mütter. Das war ein Irrtum.

Söhne besuchen ihre Mütter zwar seltener als Töchter. Sie leben seltener mit ihnen unter einem Dach. Wenn Mütter pflegebedürftig werden, sind es meist nicht die Söhne, die sich um sie kümmern. Kühle Distanz und Entfremdung, so stellt sich nach außen hin oft das Verhältnis von Sohn und Mutter dar. Der Schein trügt.

Viele Männer, das wurde mir im Laufe der Gespräche klar, bleiben ihr Leben lang an die Mutter gebunden. Auch wenn sie das selbst nicht erkennen, es nach außen hin strikt ableugnen und den Kontakt ganz abgebrochen haben. Wie ihr Leben verläuft, wie sie zu sich selbst und zu Frauen stehen, hängt weitgehend von der ersten Frau in ihrem Leben – der Mutter – ab.

Die meisten Männer, die in diesem Buch zu Wort kommen, dachten während des Interviews das erste Mal bewußt über ihre Beziehung zu ihrer Mutter nach. Es wurde zugleich zu einem Nachdenken über sich selbst. Fast allen fiel es schwer. Anscheinend sind Männer es gewohnt, Wünsche, Gefühle, Hoffnungen und Ängste vor sich selbst und erst recht vor anderen wie hinter einem Schutzwall zu verbergen.

Es war oft nicht einfach, sie herauszulocken. Manche reagierten mit Aggressionen, waren beleidigt oder gaben sich noch zugeknöpfter als vorher. Anderen bot das Gespräch eine Gelegenheit, endlich einmal Dampf abzulassen. Zutage traten Konflikte, die oft über Jahre im Unbewußten geschwelt hatten. Wieder andere benutzten das Gespräch zu einer Abrechnung, bei der

Soll und Haben einer Beziehung aufgelistet wurden. Einige Männer setzten ihre Mutter auf einen Thron, andere würden sie am liebsten in die Wüste schicken.

In einigen Fällen haben mich das Einfühlungsvermögen und die Anteilnahme der Männer am Leben ihrer Mutter bewegt und gerührt. In anderen dagegen war ich bestürzt über die erbarmungslose Kritik oder die Aufzählung von Verfehlungen, die sie ihrer Mutter zuschrieben.

Wenn der Rechtsanwalt Lothar Fischer sagt: »Sie ist eine arme Sau«, der Studienrat Philipp Kamphaus: »Im Grunde wünsche ich mir nichts sehnlicher, als daß meine Mutter stirbt«, oder Fritz Berger, Dozent der Wirtschaftswissenschaften, meint: »Sie war kurz vorm Aufamseln, wie man so schön sagt«, dann fühle ich mich selbst, als Frau und Mutter eines Sohnes, getroffen.

Erstaunlich fand ich auch, daß viele meiner Gesprächspartner für alles, was ihnen im Laufe des Lebens passiert sowie für eigene Fehler und Unzulänglichkeiten, die Mutter verantwortlich machen.

Wenn der Anwalt Lothar Fischer seine Frau schlägt, der Dreher Jörg Hartung drogenabhängig und der Studienrat Philipp Kamphaus homosexuell wird – immer hat die Mama schuld.

Die Mutter als allesverschlingendes Monstrum, das die Söhne nicht losläßt, oder als Rabenmutter, die sie von sich stößt. Die Mutter, die ihre Söhne als Mann-Ersatz seelisch mißbraucht oder ihnen ihre Männlichkeit raubt. Die Mutter, die immer zuviel oder zuwenig an Liebe, an Geborgenheit, an Aufmerksamkeit gibt.

Um diese Schuldzuweisungen verstehen zu können, sollte man etwas in die Geschichte zurückgehen.

Jahrhundertelang waren Kinder eher als Last denn als Glück empfunden worden. Wer es sich leisten konnte, ließ seine Kinder nicht im Schoß der Familie, sondern bei Ammen aufwachsen. Es war der französische Philosoph und Schriftsteller Jean Jacques Rousseau, der die Mutterschaft – bezogen auf Söhne – zum Ideal erhob.

Er schrieb einige Jahre vor der Französischen Revolution: »Vom Bemühen der Frauen hängt die erste Erziehung der Männer ab; von den Frauen hängen außerdem ihre Sitten ab (...) Die Männer zu erziehen, wenn sie jung sind, sie zu umsorgen, wenn sie groß sind, sie zu beraten, sie zu trösten (...), das sind die Pflichten der Frauen in allen Zeiten.«

Neun von zehn Frauen fehlte allerdings die Zeit, diese Pflichten so wahrzunehmen, wie sie Rousseau forderte. Sie waren bis zum Umfallen damit beschäftigt, in Haus und Hof zu schuften. Die Kinder liefen irgendwie mit.

Bei den Frauen, die Geld und Muße hatten, fiel die Mutterideologie jedoch auf fruchtbaren Boden und breitete sich aus. Im Laufe der Jahrzehnte gelangte sie in die Herzen und Hirne von immer mehr Frauen.

Sigmund Freud, den man später den ›Vater der Psychoanalyse‹ nannte, fand die Frauen gut vorbereitet, als er einhundert Jahre nach Rousseau, gegen Ende des letzten Jahrhunderts, seine Lehre verkündete. Er sagte in seiner Einführungsvorlesung: »Ich kann Ihnen keine Vorstellung davon vermitteln, wie bedeutsam dieses erste Objekt *(die Mutter, A. d. V.)* für jede spätere Objektfindung ist, welch tiefgreifende Wirkung es in seinen Wandlungen und Ersetzungen noch auf die entlegensten Gebiete unseres Seelenlebens äußert.«

Mit der Verantwortung wurde den Müttern eine ungeheuere Macht übertragen. Doch zugleich waren sie immer als Sündenbock parat, wenn es mit dem Nachwuchs nicht so lief, wie es sollte. Wurde ein Sohn krank oder geriet er auf die schiefe Bahn, mußte die Mutter herhalten.

Als fatal erwies sich auch Sigmund Freuds Beurteilung der Natur des Mannes und der Natur der Frau. Der Mann ist danach aktiv, durchsetzungsstark und fantasievoll. Er glänzt durch Intelligenz und Mut, ist ein Beschützer der Familie und Bezwinger der Welt. Der Mann – ein Mensch, der sich mit der Außenwelt auseinandersetzt.

Frauen sprachen Freud und seine Gefolgsleute Verstand und Tatkraft, Intellekt und Durchsetzungsvermögen ab. Frauen waren das schwache Geschlecht. Stark und aktiv hatten sie nur als Spenderin der Liebe ihren Platz innerhalb der Familie.

Aus heutiger Sicht unverständlich ist auch, wie Sigmund Freud und seine Anhänger dazu kamen, die Minderwertigkeit des weiblichen Geschlechtes unter anderem vom Fehlen eines Penis abzuleiten. Dazu erklärt der Frankfurter Diplompsychologe Hans-Günther Mainusch: »Sigmund Freud stellte die Theorie auf, daß das Mädchen in dem Augenblick, in dem ihm bewußt wird, daß der Junge einen Körperteil hat – ein Glied – den es selbst nicht besitzt, eine Unvollkommenheit spürt und sich minderwertig fühlt. Freud entwickelte die Theorie, dieses Gefühl der Unvollkommenheit rufe bei dem Mädchen Neid hervor. Freud hat die Theorie des Penisneides aufgrund von Erfahrungen mit Patientinnen aufgestellt, die ihm aus ihrem Unterbewußtsein während der Behandlung derartige Empfindungen mitgeteilt haben.

Dieser Neid auf den Mann war zweifellos vorhanden. Die Wurzel ist aber nicht in einer scheinbaren biologischen, sondern in einer tatsächlichen sozialen Benachteiligung der Frauen im Vergleich zu den Männern zu suchen.

Wirtschaftlich und gesellschaftlich waren Frauen weitgehend vom Mann abhängig und ans Haus gebunden. Sexuell waren sie, wie Tagebüchern, Romanen und Berichten zu entnehmen ist, fast immer unbefriedigt.

Unter diesen Umständen ist es kein Wunder, wenn Frauen ihre unbefriedigten Wünsche und Sehnsüchte auf den Sohn richteten, daß sie versuchten, ihr Gefühl der Minderwertigkeit und des Zurückgesetztseins über den Sohn auszugleichen. Sie klammerten sich an ihn, den kleinen Mann, und wollten ihn auch nicht freigeben, wenn er groß geworden war. Was blieb ihnen denn, wenn er sie verließ?«

Inzwischen hat sich die Situation weitgehend geändert. Viele Frauen haben wirtschaftliche und persönliche Unabhängigkeit erreicht.

Die Mutter von Heiko Frisenius ist Managerin, Edmund Haussmanns Mutter leitet ein Schaustellerunternehmen, Marc Schnellbergers Mutter verdient als Chefsekretärin 90 000 Mark jährlich. Frauen sind Ärztinnen, Forscherinnen, Politikerinnen. Sie stehen als Schreinerin, Schornsteinfegerin, Anstreicherin ihren Mann.

Viele Frauen sind durch die Frauenbewegung selbstbewußt geworden. Verheiratete Frauen, die in der Ehe unbefriedigt sind, können sich einen Geliebten nehmen, und auch unverheiratete Frauen leben heute nicht mehr im sexuellen Notstand. Ein Sohn gilt heute nicht mehr als etwas Besseres als eine Tochter, und Frauen wissen heute mehr über Kindererziehung als jede Generation vor ihnen.

Meine Überlegung war, daß die persönliche und gesellschaftliche Besserstellung vieler Frauen sich auch positiv auf ihr Verhältnis zu den Söhnen ausgewirkt haben müsse.

Ich stellte mir vor, daß erfolgreiche, selbstbewußte Frauen es nicht nötig haben, sich an ihre Söhne zu klammern, daß sie sich nicht mehr als ewige Ammen mißbrauchen lassen, sondern von ihren Männern fordern, ihren Anteil bei der Erziehung der Kinder zu leisten. Ich glaubte, die ›neuen Mütter‹ würden ihre Söhne den eigenen Weg gehen lassen, ohne aus ihnen einen Supermann oder einen Softie, einen Herrenmenschen oder Befehlsempfänger machen zu wollen.

Um die Veränderungen dieser Beziehung aufzuzeigen, habe ich etwa die Hälfte meiner Gesprächspartner unter jungen Männern bis zum Alter von 30 Jahren gesucht. Ich war davon ausgegangen, bei jungen Männern mehr Toleranz und Offenheit und auch mehr Verständnis für die Situation ihrer Mütter zu finden als bei der älteren Sohn-Generation.

Das war allerdings nur ansatzweise der Fall. Auf breiter Ebene scheint sich in der Beziehung zwischen Mutter und Sohn nicht allzuviel geändert zu haben. Woher kommt das? Es gibt dafür viele Gründe.

Eine der Hauptursachen ist sicherlich die Verunsicherung vieler Frauen. Das klassische Bild von der sich aufopfernden, sich selbst verleugnenden Mutter hat zwar ausgedient. Auf der anderen Seite steht aber fest, daß ein Kind sich nur dann zu einem körperlich und seelisch gesunden Menschen entwickeln kann, wenn es Liebe und Fürsorge erfährt. Es braucht jemanden, der für es da ist.

Modelle, die es möglich machen, daß Kinder zu ihrem Recht kommen, ohne daß Mütter deshalb eigene Wünsche begraben, werden erst seit ungefähr 20 Jahren entwickelt. Sie konnten sich noch nicht so weit stabilisieren, daß die Mehrheit der Frauen auf sie zu bauen wagt.

Schuld an der allgemeinen Verunsicherung haben auch geradezu infame Pressekampagnen. Frauen werden in Zeitungen und Zeitschriften, im Fernsehen und Radio darüber ›aufgeklärt‹, was sie alles falsch gemacht haben bei der Erziehung der Kinder. Je nachdem, wie gerade die Arbeitsmarktlage aussieht, und welche Moderichtung angesagt ist, wird die Propagandatrommel für die Berufstätigkeit von Müttern oder dafür, daß sie zu Familie, Kind und Küche zurückkehren, geschlagen. Was sie auch tun, irgend etwas ist angeblich immer falsch.

Dabei wird dann auch immer noch so getan, als hätten Frauen die Wahl, ob sie lieber bei ihrem Kind zu

Hause bleiben oder berufstätig sein möchten. Es gibt viele Frauen, die liebend gerne zu Hause bleiben würden. Sie können es nicht, weil sie Geld verdienen müssen.

Andere würden gerne einen Beruf ausüben, bleiben aber zu Hause: Entweder aus einem schlechten Gewissen heraus, oder weil sie nicht wissen, wo sie während der Zeit, die sie außer Haus sind, ihr Kind anständig unterbringen können.

Kindergärten sind oft gar nicht vorhanden oder so ausgestattet, daß Frauen ihr Kind dort nicht gerne hingeben möchten. Die Situation ändert sich auch nicht, wenn das Kind zur Schule kommt, denn es gibt in der Bundesrepublik keine festen Unterrichtszeiten.

Ist das Kind jedoch altersmäßig endlich soweit, daß die Mutter es guten Gewissens sich selbst überlassen kann, findet sie meistens keine ihrer Ausbildung angemessene Stelle mehr. Die Entwicklung ist an ihr vorbeigegangen, und die guten Stellen inzwischen von Männern besetzt. Sie konnten die Jahre, die die Frau zu Hause bei ihren Kinder geblieben ist, für den Aufbau ihrer Karriere nutzen.

Und so blieb denn schließlich alles weitgehend beim alten. Dazugekommen ist die Isolation, in der viele Mütter leben. Über die Enge und das Treibhausklima in Kleinfamilien ist schon viel geschrieben und viel geklagt worden.

»Familie heißt in meinen Augen Vater und Mutter und Kind. Geschwister, denke ich, gehören auch noch dazu«, sagt Gerhard Naumann, Theologiestudent, mit leicht gekräuselter Oberlippe. In seinem Elternhaus lebten außer Vater, Mutter und vier Kindern die Eltern der Mutter, und man traf sich häufig mit anderen Verwandten.

Die bundesdeutsche Durchschnittsfamilie sieht anders aus. Sie besteht aus Vater und Mutter und ist statistisch auf 1,3 Kinder geschrumpft. Bis das Kind in den

Kindergarten kommt – und, wie gesagt, oft weit darüber hinaus –, bleibt ein Elternteil zu Hause und versorgt den Rest der Familie. In fast allen Fällen ist das die Mutter.

Noch nie in der Geschichte haben Mütter so eng und so ausschließlich mit ihren Kindern zusammengelebt, wie es heute viele Frauen tun. Während überall von der großen Freiheit die Rede ist, erleben sie den großen Frust.

Wo das Leben der Mütter so reduziert ist, werden Kinder leicht zu ihrem einzigen Lebensinhalt. Gerade Mütter, die für sich selbst nichts erreicht haben, geraten in Gefahr, ihren Sohn in eine Führungsrolle drängen zu wollen.

»Ich sollte der Größte sein«, sagt der schüchterne Psychologe Kurt M. Maurer. »Sie wollte aus mir einen Diplomaten machen«, erklärt der Anwalt Lothar Fischer bittergallig. Frau Berger atmete erst auf, als ihr Fritz, der ehemalige Trottel der Familie, es zum Dozenten der Wirtschaftswissenschaften gebracht hatte.

Eine Erfahrung ist – und die hat sich durch diese Protokolle bestätigt –, daß auch heute noch viele Menschen dazu neigen, die Mütter für das Wohl und Wehe ihrer Söhne verantwortlich zu machen. Das Bild wird jedoch schief, wenn man die Rolle außer acht läßt, die der Vater des Sohnes in dieser Beziehung spielt. Väter gehören auch dann dazu, wenn sie nicht mehr mit der Familie zusammenleben. Wenn ich meine Gesprächspartner jedoch nach ihren Vätern fragte, bekam ich meistens nur ein Achselzucken.

Soviel Desinteresse ist kaum verwunderlich, wenn man bedenkt, daß die Söhne wenig Gelegenheit haben, ihre Väter richtig kennenzulernen. Die meisten Väter geben in ihren Familien nicht mehr als Gastspiele. Sie sind von frühmorgens bis spätabends beruflich außer Haus. Für die Familie bleiben die Abende und die Wochenenden. Meistens sind sie dann zu abgespannt oder haben scheinbar Wichtigeres zu tun, als sich mit ihren Söhnen zu beschäftigen. Da ist es zu verstehen, daß die meisten meiner Gesprächspartner nur ein sehr verschwommenes Bild von ihren Vätern haben.

So sagt der Diplomingenieur Klaus-Jürgen Kolakowski nach einem langen Gespräch über die Beziehung zu seiner Mutter: »Ist es nicht seltsam, daß mein Vater kaum Eindrücke bei mir hinterlassen hat?«

Nicht nur seltsam, sondern tragisch, wenn man bedenkt, daß der Vater für die Persönlichkeitsentwicklung eines Kindes genauso wichtig ist wie die Mutter.

Der Mensch wird als kleines, hilfloses Wesen geboren. Zwischen ihm und der Person, die es in den ersten Jahren des Lebens versorgt, hegt und pflegt, entwickelt sich eine starke emotionale Bindung. In fast allen Fällen gilt sie der Mutter.

Soll das Kind jedoch eine eigenständige Persönlichkeit werden, muß es sich aus dieser engen Beziehung allmählich lösen und auch eine Beziehung zum Vater aufbauen.

Hans-Günther Mainusch: »Mädchen haben es bei dem Ablösungsprozeß von der Mutter und der Hinwendung zum Vater einfacher. Weil die Mutter wie sie ein weibliches Wesen ist, muß es sich nicht ganz von ihr abgrenzen. Es kann sich weiterhin verbunden fühlen. Dieses Gefühl der Verbundenheit mit dem ersten Liebesobjekt überträgt das Mädchen auf spätere Beziehungen. Hier ist der Grund dafür zu suchen, daß Frauen im allgemeinen stärker in Beziehungen eingebunden sind als Männer.

Beim Sohn ist der Ablösungsprozeß weitaus komplizierter. Um das vierte bis sechste Lebensjahr – Sigmund Freud hat diesen Zeitraum als die ödipale Phase bezeichnet – erkennt der Junge in der Mutter das ›andere Geschlecht‹.

Will er seine Männlichkeit nicht verlieren, muß er lernen, sich innerlich von der Mutter zu lösen und sich seinem eigenen Geschlecht zuwenden. Im günstigsten Fall ist das der Mensch, der ihm außer der Mutter am nächsten steht, der Vater. Es kann aber auch ein anderer Mann sein, zum Beispiel ein Großvater, Onkel, älterer Bruder oder Erzieher.

Glückt dieser Prozeß, so beginnt der Junge, sich mit dem männlichen Vorbild zu identifizieren. Er kann sich zu einer eigenständigen Persönlichkeit entwickeln.

Glückt der Prozeß nicht, wird der Junge es sehr schwer haben, eine eigene Identität zu erwerben.«

Das führt dann zum Bau jenes Walls, gegen den ich bei vielen meiner Interviewpartner anzukämpfen hatte. Hinter der Mauer spürte ich oft ein Gefühl tiefer Selbstentfremdung, Sprach- und Trostlosigkeit.

Am deutlichsten kommt das bei den zwei Männern zum Ausdruck, die für ihre Väter nur Verachtung übrig hatten. Der Studienrat Philipp Kamphaus und der Diplomingenieur Klaus-Jürgen Kolakowski hatten grandiose Mütter und schwache Väter, die von der Mutter abhängig waren.

Mit der Mutter als weiblichem Wesen durften sie sich nicht identifizieren, mit dem schwachen Vater konnten sie es nicht. Sie fielen damit sozusagen ins Leere und konnten kein eigenes Ich aufbauen.

Ein Interviewpartner, dessen Geschichte nicht abgedruckt ist, fühlt sich ›wie tot‹. Gut geht es ihm nur beim Schießen. »Da muß man ganz ruhig sein. Ganz leer. Wie tot. Man muß sich selbst ganz vergessen.« Plastischer hätte er sein Gefühl der Verlorenheit nicht ausdrücken können.

Bei dem Diplomingenieur Klaus-Jürgen Kolakowski fiel mir auf, wie oft er betonte, daß er funktioniere. Als sei er eine Maschine, die in Gang gehalten werden müsse und nicht ein Mensch mit Gefühlen und Empfindungen. Ein Zeichen von Selbstentfremdung ist sicherlich auch in der Homosexualität des Studienrates Philipp Kamphaus zu sehen. Bei ihm kommt noch dazu, daß er seine Mutter als äußerst bedrohlich erlebt.

Wer jedoch zu sich selbst keine Beziehung hat, wird sie auch nur schwer zu anderen Menschen aufbauen können. Klaus-Jürgen Kolakowski: »Die große Liebe kenne ich nicht.« Über seine Frau: »Unsere Beziehung ist kalt.« Philipp Kamphaus sucht sich seine Freunde nur unter Männern aus, die keine Ansprüche an ihn stellen. »Mit jemandem zusammenzuwohnen, ist für mich schwer vorstellbar. Ich baue immer von Anfang an Sicherheitsbarrieren ein, die eine absolute Nähe verhindern«, erklärte er mir.

Während der Vater dem Sohn als Vorbild fehlt, fehlt er der Mutter als Partner. Söhne können auf diese Weise zum Mannersatz werden, der die Bedürfnisse der Mutter nach Liebe und Zärtlichkeit erfüllen soll. In vielen Geschichten kommt das zum Ausdruck. Der Rechtsanwalt Lothar Fischer hat es ganz klar gesagt: »Meine Mutter hat meinen Vater lange Zeit aus ihrem Leben ausgeschaltet und mehr mit mir zusammengelebt.« Und der Psychologe Kurt M. Maurer: »Mein Vater wurde für meine Mutter die Verkörperung des Verlierers, und deshalb mußte ich ihr Held werden.«

Auch als die Söhne erwachsen waren und eine Frau hatten, versuchten die Mütter mit ihnen weiterzuleben. Die Feindseligkeit, die sie den Partnerinnen ihrer Söhne entgegenbrachten, stürzte die Söhne in tiefe Konflikte. Lothar Fischer: »Ich stand immer zwischen meiner Frau und meiner Mutter. Einerseits habe ich meiner Mutter vorgeworfen, daß sie so hinterfotzig rumagiert. Auf der anderen Seite habe ich meiner Frau zum Vorwurf gemacht, daß sie eine Konfrontation herbeigeführt hat.«

Kurt M. Maurer: »Alle paar Monate kam: ›Jetzt könnte es aber so langsam aus sein. Du solltest dir überlegen, ob du nicht ein normales Verhältnis eingehst.‹«

Die Wut auf die Mutter übertrugen die Söhne auf ihre Partnerin. Der Anwalt Lothar Fischer schlug stellvertretend für die Mutter seine Frau. Kurt M. Maurer gab seiner Freundin auf brutale Weise zu verstehen, daß sie eigentlich viel zu alt für ihn sei und nur eine Übergangslösung.

Sowohl der Rechtsanwalt Lothar Fischer als auch der Psychologe Kurt M. Maurer brachen schließlich für einen längeren Zeitraum jeden Kontakt zu ihrer Mutter ab. Als sie merkten, daß sie sich auch damit nicht von der Mutter zu lösen vermochten, begaben sie sich in psychotherapeutische Behandlung.

Kurt M. Maurer hatte sogar vorher schon ein ganzes Studium der Psychologie absolviert: »Es war eine Sehnsucht, zu mir selbst zu finden.« Ob es ihm gelungen ist, weiß ich nicht. Er sagt es.

Wenn ich ihn jedoch in der Erinnerung vor mir sitzen sehe in seiner ganzen Schüchternheit und Unsicherheit, habe ich meine Zweifel. Bei Lothar Fischer bin ich so gut wie sicher, daß er sich weiterhin von seiner Mutter verfolgt fühlt. Sonst könnte er ihr gelassener gegenüberstehen und würde nicht sagen: »Sie ist eine arme Sau.«

Gemeinsam ist Lothar Fischer und Kurt M. Maurer auch, daß beide als Erwachsene in ihrem Vater einen Mann erkannten, mit dem sie sich sehr wohl hätten identifizieren können. Lothar Fischer: »Mein Vater war ein unheimlich beliebter Lehrer, und er ist ein unheimlich netter Typ. Das weiß ich aber erst seit ein paar Jahren. Als Kind und Jugendlicher war ich so von meiner Mutter besetzt, daß ich für meinen Vater überhaupt keinen Platz hatte. Er hat sich schon um mich bemüht, aber ich habe gar nicht darauf reagiert. Es gab für mich keinen Vater. Nur eine Mutter.«

Kurt M. Maurer: »Mein Vater ist heute in meinen Augen ein ganz famoser Mann. Er hat überhaupt nichts Schlaffes an sich und war immer sehr drahtig, energiegeladen und kraftstrotzend. Ich glaube, wenn meine Mutter meinen Vater und mich mit ihren Ansprüchen nicht immer so in die Enge getrieben hätte, wäre es mir möglich gewesen, mich mit meinem Vater zu identifizieren.«

Mütter, die sich an ihre Söhne klammern, können kaum mit Liebe rechnen. Der sechzehnjährige Schüler Marc Schnellberger sagte denn auch: »Ich kenne viele, die hassen ihre Mutter, weil sie ihnen keine Freiheit gibt.«

Lieblosigkeit von Müttern ist sicher eine wesentliche Ursache von späteren Rachegelüsten der Söhne am weiblichen Geschlecht. Wut und Haß auf Frauen kann aber auch entstehen, wenn Mütter ihre Söhne als Mannersatz mißbrauchen.

Warum tun Frauen das ihren Söhnen an?

Meiner Erfahrung nach handelt es sich um unausgefüllte Frauen, denen der Partner ganz fehlt oder die in einer unbefriedigenden Partnerschaft leben. Frauen, die mit ihrem Partner glücklich sind oder die eine Aufgabe haben, die sie erfüllt, drängen ihre Söhne nicht in die Rolle des Ersatzpartners.

Wie stark die Sehnsucht nach einem starken Vater ist, mit dem sie sich identifizieren können, zeigt sich bei mehreren meiner Interviewpartner.

Clemens Kruska: »Ich habe mich bei meinem Vater wie befreit gefühlt. Mein Vater war ein Mann, und ich war wie er. Die männliche Welt war nicht mehr negativ, wie meine Mutter sie dargestellt hatte, sondern absolut positiv und erstrebenswert.« Der Dozent Fritz Berger: »Außerdem hat mich mein Vater trotz der Angst, die ich vor ihm empfunden habe, immer fasziniert. Meine Mutter war stets die Schwache, und er immer der Starke. Meine Mutter hatte nichts zu melden, und mein Vater hat gekriegt, was er wollte. Meine Mutter hatte schnöde Hausarbeit, und er hat die interessanten Sachen gemacht.« Der homosexuelle Studienrat Philipp Kamphaus: »Meine Partner müssen einen ganz starken Kontrapunkt zu mir bilden, also die geballte Männlichkeit von Boxern oder Bodybuildern haben.«

Als Vatersöhne bezeichnen sich der Steward Heiko Frisenius und der Werbefachmann André Bartels. Beide haben sich anscheinend ganz mit ihren Vätern identifiziert.

Für Heiko Frisenius war der Vater das Vorbild, mit dem er sich gegen die Mutter solidarisierte. Mit dem Vater tobte er im Bett herum, Vater und Sohn jagten zusammen mit dem Sportwagen über die Autobahn.

Für André Bartels war sein Vater ein absoluter Frauentyp. Ich nehme an, er meinte damit, es habe für seinen Vater außer seiner Frau noch andere Frauen gegeben.

Wenn Heiko Frisenius über Frauen spricht, schwingt immer ein spöttischer und leicht verächtlicher Unterton mit. Bei André Bartels wird daraus der blanke Zynismus. Sehr viel besser hört es sich auch nicht an, wenn sie ihre Mütter erwähnen. Heiko Frisenius lief es eiskalt den Rücken runter, sobald seine Mutter ihn berührte. André Bartels sagt von seiner krebskranken Mutter: »Ich rieche die Leiche.« Aus dem Grund hat er sie dann bis zu ihrem Tod auch kaum noch besucht.

Ihre Einstellung zur Mutter – und damit auch zu anderen Frauen – wäre jedoch bestimmt eine andere, wenn sie ihren Vater als einen Mann erlebt hätten, der seiner Frau zugetan und ihr ein wirklicher Partner gewesen wäre.

Ein Sohn, der sich nach der inneren Ablösung von der Mutter mit dem Vater identifiziert, übernimmt auch dessen Haltung gegenüber der Mutter. Ist der Vater ein Mann, der sich der Mutter liebend zuwendet, hilft er damit dem Sohn, eine emotionale Brücke zurück zur Mutter zu bauen. Diese Erfahrung überträgt der Junge auf alle späteren Beziehungen zu Frauen. Er kann ein Mann werden, der in der Frau das andere Geschlecht liebt.

Nur bei dreien meiner Gesprächspartner ist dieser Prozeß geglückt: Bei dem Schausteller Edmund Haussmann, dem Lektor Georg Werner und dem Theologiestudenten Gerhard Naumann. Sie sprechen von ihrer Mutter mit Achtung und Wärme. Wenn sie ihren Vater erwähnen, kommt heraus, wie weit sie sich mit ihm identifizieren.

Der Schausteller Edmund Haussmann: »Die absolute Respektsperson in der Familie war mein Vater.« Der Lektor Georg Werner: »Wenn er wieder einmal arbeitslos war, nahm er meiner Mutter die Hausarbeit ab.« Der Theologiestudent Gerhard Naumann: »Er war für die Familie da.«

Jungen, die einen Vater haben, der für sie da ist, können später auch ihren eigenen Kindern ein guter Vater sein. Der Lektor Georg Werner hat keine Kinder. Der Schausteller Edmund Haussmann nimmt sich auch beim größten Jahrmarktstrubel für seine Söhne Zeit. Gerhard Naumann, Theologiestudent, erklärt: »Ich möchte kein Vater sein, der nur für den Lebensunterhalt der Familie sorgt. Vatersein bedeutet für mich, in der Familie zu leben.«

Ein völlig unverkrampftes Verhältnis zu ihren Eltern haben jene beiden Männer unter meinen Gesprächspartnern, deren Väter und Mütter sich getrennt haben, als die Söhne etwa fünf Jahre alt waren.

Clemens Kruska konnte zu seinem Vater eine stabile Beziehung aufbauen, bevor dieser die Familie verließ. »Ich hatte immer ein sehr starkes Vaterbild in mir getragen. Das stammte noch aus der Zeit, als ich klein gewesen war und mein Vater mich vom Kindergarten abgeholt hatte. Ich saß dann vor ihm auf dem Fahrrad, und wir sind zusammen durch den Stadtwald nach Hause gefahren.« Während der Pubertät ist Clemens Kruska dann zu seinem Vater gezogen und konnte sich aufs neue mit ihm identifizieren.

Bei Marc Schnellberger war es die Mutter, die den Vater verließ. Marc nimmt seinem Vater gegenüber eine eher distanzierte Haltung ein. »Ich mag meinen Vater, aber er ist keine wichtige Person in meinem Leben.«

Die Mutter ist jedoch eine Frau, die ihrem Sohn immer viel Liebe und zugleich viel Freiheit gegeben hat. Marc ist ein Wunschkind. Seinetwegen hatte seine Mutter vorübergehend darauf verzichtet, beruflich Karriere zu machen. Sie erzählt mir nach dem Interview mit Marc: »Vier Jahre bin ich zu Hause geblieben und habe mich um Marc gekümmert. Wäre ich nach dieser Zeit nicht in den Beruf zurückgegangen, hätte ich den Anschluß nicht mehr geschafft. Ich habe Marc dann zuerst in einen Ganztageskindergarten gegeben. Als Schulkind war er nachmittags im Hort.«

»Haben Sie nie das sprichwörtlich schlechte Gewissen gehabt, das andere Mütter plagt, die ihr Kind in den Hort geben?« fragte ich.

»Nie. Nicht eine Minute«, kam es wie aus der Pistole geschossen. Dieses Selbstverständnis mag der Grund dafür gewesen sein, daß Marc nie auf den Gedanken kam, ihm könnte etwas fehlen. Inzwischen ist er 16, und seine Mutter hat ihm erklärt, daß er nach dem Abitur auszuziehen habe. Marc findet das kraß. Nicht weil er an der Mami klebt, sondern weil es so angenehm ist, jemanden zu haben, der für ihn kocht, wäscht und aufräumt.

Britta Schnellberger ist jedoch fest entschlossen, ihre Ankündigung wahrzumachen. »Ich war für Marc da, als er mich brauchte. Jetzt muß er lernen, auf eigenen Beinen zu stehen.«

Es sind nie die schlechtesten Mütter, die ihre Bedürfnisse nach Eigenständigkeit und Unabhängigkeit durchsetzen. Seit ungefähr zwei Jahrzehnten kämpfen Frauen um Bedingungen, die es ihnen ermöglichen, daß sie selbst und ihre Kinder zu ihrem Recht kommen. Eine Aufzählung der Dinge, die noch im Argen liegen, würde schier endlos ausfallen. Einiges ist jedoch in Bewegung geraten. Sowohl in den Köpfen der Menschen wie bei den gesellschaftlichen Strukturen.

Frauen haben heute mehr Möglichkeiten, ihren eigenen Weg zu finden, als jede Generation vor ihnen. Es gibt nach wie vor Mütter, die gerne zu Hause bei ihren Kindern bleiben. Für viele gut ausgebildete Frauen liegt das Glück heute jedoch nicht mehr allein in der Familie, sondern auch im Beruf. Da ist es dann schon im eigenen Interesse der Mütter, wenn sie den Wunsch nach Unabhängigkeit bei ihrem Kind fördern, statt ihn zu unterdrücken.

Auch in der Einstellung und im Verhalten vieler Männer hat sich Wesentliches geändert. Viele Männer haben genug von den Aggressionen und Frustrationen, die hochkommen, wenn Frauen sich unterdrückt und ausgenutzt fühlen. Sie haben erkannt, daß es sich auch für sie positiv auswirkt, wenn sie sich als wirklicher Partner erweisen. Ihr Beitrag zur Hausarbeit beschränkt sich nicht mehr auf das gelegentliche Ausräumen der Spülmaschine oder das Rasenmähen. Die neuen Väter wollen nicht nur die Berufstätigkeit, sondern auch die Kindererziehung mit ihrer Frau teilen. Sie sind im Kreißsaal dabei, und sie füttern, wickeln und hätscheln ihre Kleinen genauso gut und schön wie die Mütter.

So ergab denn auch eine vergleichende Studie des *Instituts für angewandte Sozialwissenschaften* (Infas), die vom Bundesfamilienministerium in Auftrag gegeben und im Frühjahr 1989 veröffentlicht wurde: Die Männer in der Bundesrepublik helfen mehr im Haushalt, beaufsichtigen häufiger ihre Kinder und treffen Entscheidungen eher zusammen mit ihren Frauen als noch in den 70er Jahren. Vor allem jüngere Männer sind zunehmend bereit, zugunsten ihrer Frau beruflich langsamer zu treten. Das zeigte ein Vergleich von Befragungen aus den Jahren 1975, 1985 und 1986. Heute helfen nach der Studie 64 Prozent der Männer im Haushalt mit. 1975 waren es nur 46 Prozent.

Bundesministerin Ursula Lehr erklärte zu den Ergebnissen: »Partnerschaft löst Unterordnung ab. Männliche und weibliche Rollen sind durchlässiger geworden. Männer müssen aber noch mehr die Chancen ergreifen, die ihnen ein Engagement in der Familie bietet.«

Familien, in denen das neue Ideal verwirklicht wurde, sind noch immer die Ausnahme. Ihr Beispiel gibt jedoch eine Ahnung davon, wie die Entwicklung weitergehen könnte. Die nächste Generation von Müttern und Söhnen wird zeigen, wie sich das veränderte Rollenverhalten auswirkt.

Nachdem sich das alte Modell so oft als untauglich herausgestellt hat, kann es nur besser werden.